Claude Duneton

# AU PLAISIR DES JOUETS

## 150 ans de catalogues

Claude Duneton

# AU PLAISIR DES JOUETS

## 150 ans de catalogues

hoëbeke

ISBN : 2-84230-240-0
Dépôt légal : octobre 2005

Mise en pages : Éric Blanchard
Coordination éditoriale : Francis David
Photogravure : Color'Way

*Imprimé et relié en Italie*

# AU BONHEUR DES JOUETS

Enfant pauvre, j'ai longtemps cru que je n'avais jamais eu de jouets… Je veux parler des jouets du commerce, ces machines miniatures, ces reflets du monde fabriqués exprès pour les petits pendant qu'ils grandissent. À la campagne où j'ai vécu toute mon enfance il n'y avait, bien sûr, aucun magasin de jouets.

Et puis, en réfléchissant… En repassant le film ancien de mes ambitions devant les pages de ces catalogues, film devenu muet, j'ai dû me rendre à l'évidence: finalement, si, j'ai bel et bien eu quelques jouets! Ils furent échelonnés sur une dizaine d'années, mais je dois citer, dans le désordre chronologique, un oiseau mécanique, une toupie en fer lancée par une poignée à vis sans fin – sur laquelle on pompait mais qui n'a jamais marché très bien –, trois ou quatre soldats de plomb ou personnages assimilés dont j'ai oublié le dessin, et même un avion. Parfaitement! Un avion bleu que je promenais au-dessus de ma tête, en tournant, au plus haut, et en faisant *broum* avec la bouche…

J'ai eu un train! Pas électrique, certes, mais la locomotive était dotée d'une clef à ailettes, et tirait quelques wagons sur des rails montés en cercle sur le plancher.

Comme c'est étrange! et comme ces objets se sont parfaitement effacés de mon souvenir rural jusqu'à ce que je les rappelle à moi par force, à l'examen des catalogues anciens ! … Dans les derniers temps – ou plutôt en dernier lieu –, j'avais neuf ans, je crois bien, il y a eu une trompette moulée dans une matière argentée trop fragile et qui n'a pas duré.

Et puis, dans la mesure où les jeux comptent dans les jouets – je crois que oui, car ça a occupé une énorme partie de mes loisirs d'enfant au moins jusqu'à douze ans – j'avais un jeu de petits chevaux qui fut l'objet d'une grande passion. On pouvait y jouer à quatre (à condition d'avoir des partenaires, ce qui dans mon cas, au bord des forêts, était le plus difficile à trouver!), on pouvait être trois, ou seulement deux, et les parties duraient longtemps. Pour un enfant seul, qui s'ennuyait à en crever au milieu des prés, les parties de petits chevaux conduites à l'aide du gobelet de bois marron et de deux dés blancs qui passaient de main en main (il fallait faire un double six pour sortir un cheval sur la piste, donc il y avait bien *deux* dés, à points noirs), ces parties furent comme de longues bouffées d'oxygène dans la lenteur intolérable de la vie. Elles facilitaient aussi, je pense, l'acceptation de la fatalité, rodaient le sens des aléas qui dominaient autrefois la campagne : la guigne qui fait coucher les seigles mûrs sous l'orage, et emporter les poussins de la couvée par les serres du faucon !...

Attention ! j'ai même eu un poupon de celluloïd ! Voilà qu'il me saute aux yeux intérieurs tandis que j'en aperçois un sur le catalogue ! Ça alors !... Un gros poupard tout rose avec des yeux bleus, des paupières à bascule et à longs cils ; sa tête et ses membres mobiles aux articulations tenues par des élastiques pouvaient prendre toutes les positions, et surtout les moins naturelles. On l'appelait « le baigneur ». Je l'avais enfoui dans le sable du temps, le bougre d'increvable bébé rose, si longuement torturé ! Et voilà qu'il m'arrive en pleine figure comme un brusque retour du refoulé ! Pourquoi disions-nous « le baigneur » ? Parce qu'il était à poil ? – En tout cas je lui tordais les bras en arrière, je le déhanchais pour que ses jambes lui viennent dans le dos, je lui tordais invraisemblablement le cou. Je ne sais pas comment il a fini, ni quand...

Mais oui, j'ai eu ces jouets-là. En réfléchissant bien, de tout mon raisonnable, en ouvrant si loin d'eux la fenêtre du psycho-socio-machin historique, je commence à croire qu'ils ont joué un rôle plus important que je ne soupçonnais dans ma vie. Avec un peu de chance ces quelques jouets épars dans les années hésitantes dont je ne suis pas sûr qu'elles furent heureuses ont pu être décisifs à plusieurs égards. Ces années n'ont certainement pas été insouciantes, comme on se plaît à le dire de cette tranche d'âge entre deux et treize ans, mais enfin elles ont été survécues, c'est déjà beau ! Déjà un petit exploit lorsque la mort guette, comme une Gestapo, ta peau – ces quelques jouets, dis-je, ont sans doute participé timidement à me *faire*, à m'inventer l'existence atypique que je me suis bricolée, et que je vis encore, Dieu merci, pour l'instant. De fait, j'ai combattu pendant toute mon enfance, en plus des maladies à ressort, un ennui tellement lourd, épais, que d'une certaine manière j'ai dû me dire : « Ça suffit, plus jamais ! » comme des gens qui ont fait la guerre et n'aspirent plus qu'à la paix... Je me suis inventé des jeux pour toute ma vie d'adulte, dont l'écriture n'est pas le moindre – bien que ce soit un jeu qui n'appartienne à aucun catalogue.

Parce que, dans notre campagne – on dit aujourd'hui « milieu rural » –, personne n'avait de jouets achetés, surtout en cette période où la guerre mondiale nous coupait de la ville, sous la grisaille de l'Occupation. Le seul troc qui s'opérait portait sur des produits alimentaires, le beurre, le lard des cochons, que les gens de la ville venaient glaner en échange d'une paire de souliers aux semelles de bois, par exemple, ou d'une chemise fantaisie pour aller à la noce, ou bien d'un kilo de sucre en fraude, du café hors tickets... L'idée d'obtenir un jouet au marché noir me paraît si absurde qu'assurément elle ne serait venue à personne. Et puis, à part les billes colorées et les *boulards* de plomb dont les épiceries rurales étaient abondamment pourvues, les enfants de la campagne, depuis des temps immémoriaux qui remontaient à la préhistoire – chez nous ça remonte

# INTRODUCTION

vite à Cro-Magnon, notre voisin –, les gamins avaient toujours fabriqué leurs jouets eux-mêmes. Les grands enseignaient les procédés aux plus jeunes le moment venu – lesquels? Oh bien, au printemps, quand la sève monte à plein jus dans les tiges, on faisait des pipeaux d'écorce, des sifflets bizarres dont peut-être les plus savants se servaient comme d'appeaux pour les oiseaux… Il y avait encore un instrument criard et monotone, de fabrication aisée, que nous appelions une *charamelle* – sans doute y a-t-il une racine lointaine proche de « chalumeau » ? Elle était constituée d'un tuyau d'écorce assez court, bouché d'un côté par un papier fin, une feuille de papier à cigarette fixée par un fil, qui vibrait lorsqu'on soufflait dans un trou. La charamelle produisait un son geignard parfaitement lamentable, mais suffisamment puissant pour semer la discorde dans une maisonnée paisible.

Dans la catégorie des objets bruyants il y avait aussi des sortes de pompes dans lesquelles on comprimait de l'air qui explosait tout à coup avec un bruit sec de pistolet: les *pétarabes* ( je suppose que ce nom était la transformation du mot « pétarade », mais je n'en suis pas sûr). Cette fausse arme s'obtenait à partir d'un segment de branche de sureau dont on évidait la moelle tendre et malléable de sorte à créer un tube; on fabriquait ensuite deux bouchons d'étoupe mouillés, placés à chaque extrémité du pétarabe, puis à l'aide d'une baguette mince on enfonçait l'un des tampons, fortement, jusqu'à ce que l'air comprimé éjecte le second bouchon avec un bruit d'explosion. Cette forme d'agression suffisait au bonheur des enfants pendant quelques jours – un peu plus tard les aînés eurent des mitraillettes…

On pouvait aussi fabriquer des petits moulins à vent avec du papier, et des moulins à eau avec des languettes de bois taillées au couteau qui servaient de pales et que l'on installait sur des bâtons fourchus au-dessus d'une rigole par temps de pluie – cela prenait l'essentiel d'un après-midi, en gardant les vaches… Il y avait les frondes ! Ça c'était le sport des grands garçons. Il fallait disposer de lanières de caoutchouc découpées dans une vieille chambre à air – ce précieux élément indispensable était le plus difficile à trouver, mais nous avions quelques vélos, et il existait de vieilles chambres d'autos qui se trouvaient immobilisées dans les granges depuis le début de la guerre faute de carburant. Les fourches en bois ne manquaient pas dans les bois ! Après, tout était question d'entraînement, de choix judicieux des cailloux, et d'adresse. Les cibles fixes, éclatables, étaient appréciées, comme les tasseaux de verre épais ou de porcelaine blanche qui tenaient les fils électriques sur les pylônes – les plus adroits mettaient tout leur soin à les dégommer. Descendre un oiseau perché sur une branche était réservé aux champions – je n'y ai jamais réussi.

À propos d'adresse j'allais oublier les toupies – les petites toupies en bois, manufacturées, appelées *piringuettes*, qui, il est vrai, de même que les billes, faisaient l'objet d'un achat à deux sous dans les épiceries locales où des femmes en tablier à fleurs vendaient aussi des gommes et des taille-crayons. Ces toupies-là, faites au tour, dont la pointe était un clou à tête ronde et bombée, se lançaient sur un sol plat à l'aide d'une ficelle préalablement enroulée autour de son corps conique. Ça exigeait un sacré coup de main, et selon le soin que l'on mettait à l'enroulement, le plus serré possible, et à la force de projection dans un coup de poignet particulièrement étudié pour que l'engin atterrisse droit sur sa pointe, la piringuette ronflait plus ou moins fort et tenait plus longuement son équilibre. Sur un plancher le grondement était grandiose… Il y avait des concours – les grands gars musculeux, avec des années de pratique, faisaient voler la poussière autour de la toupie ; on ne pouvait guère se mesurer à eux. Leur puissance était enviée – cela faisait partie des raisons de grandir, des espoirs secrets de la vie, comme plus tard de *biquer* les filles.

Naturellement tout ça c'était des jeux de garçons – jeux de polissons ! Les petites filles jouaient avec une balle qu'elles lançaient contre un mur lisse en claquant des mains devant, puis derrière le dos, le plus de fois possible… Elles se constituaient, selon la tradition, un arsenal de poupées de chiffon cousues par les grandes sœurs, qu'elles chérissaient mystérieusement dans des berceaux d'écorce ou de paille – je n'ai jamais su à quoi jouaient les filles, réellement ; il n'y en avait aucune dans mon immédiat *no-girl's-land*, si je puis m'exprimer ainsi.

C'est dire combien mon poupard en celluloïd rose devait paraître incongru, et même excentrique à la lisière de nos forêts. Le baigneur me revient à présent avec insistance sur les vagues du Temps enfui ! Il avait sûrement été rapporté de Paris dès mon âge le plus tendre, ce joufflu garçon sans zizi (c'est inutile, et peut-être malséant d'avoir un zizi !) ; il me tenait une compagnie curieuse dans mon lit de petit garçon malade que l'on forçait à l'immobilité… Lui, et plus tard le train mécanique ou la toupie en tôle, énorme, rouge et vert, même si elle ne marchait pas bien, créaient un décalage dans l'environnement. Si je réfléchis bien, c'est là sans doute que mes jouets, tout médiocres qu'ils furent, commencèrent insidieusement à créer une certaine distance, une séparation intime, indécelable, avec mon milieu paysan ambiant. Ils furent très probablement la première étincelle de ma résilience – eux et le fait de parler français tout le temps ; ce parler distingué me mettait à part dans notre société de langue occitane et allait justement de pair avec mes « joujoux ». Cela parce que mes parents avaient habité Paris pendant presque dix ans, à travailler en usine, et qu'ils avaient conservé de leur séjour dans la cité lumière la langue vive et populaire que l'on parlait dans les faubourgs des années 1920… Mes parents s'en servaient le dimanche, pour ainsi parler, par distinction – et pour élever leur enfant que le fait de parler le français avant d'aller à l'école ne pouvait qu'avantager dans la vie. J'étais, à cause de cela, un enfant du dimanche – unique, parce que selon la conception de l'époque, de tendance libertaire, un mioche ça va, deux moutards bonjour les dégâts !

Et puis mes parents vivaient au sou près. Reconvertis depuis peu de temps à leur état original de laboureurs, ils ne s'étaient constitué aucun bas de laine, leur retour ayant été déterminé par la crise mondiale des années 1930 qui avait inventé le chômage à grande échelle et propagé les mouvements politiques extrêmes… Ils vivaient sur le sol de la ferme, en mangeant les récoltes, mais l'argent leur était si rare que des dépenses somptuaires comme l'achat d'un jouet n'auraient pas été envisageables.

Les fameux jouets venaient donc d'ailleurs, et c'est dans cet ailleurs que leur rôle commence. Je me souviens du petit oiseau en fer – je crois qu'il était jaune – offert quand j'avais trois ans par une voisine, une institutrice en retraite qui fréquentait mes parents parce qu'ils avaient la conversation urbaine, en français courant, et qu'ils lisaient des livres de temps en temps, ce qui les classait comme des intellectuels des

# INTRODUCTION

champs… Le petit oiseau portait une clef à ailettes sur le flanc ; elle le posa, je m'en souviens, au milieu de la table où il se mit à sautiller de manière amusante sur la toile cirée. Le trémoussement durait quelques secondes, après quoi il fallait le remonter – et hop !… Le ressort, bien sûr, s'est vite cassé ; tandis que je grandissais je faisais sauter l'oiseau à la main.

Tout le reste était des cadeaux de la famille demeurée dans la Capitale, où frère et sœur avaient émigré, économiquement. L'avion avait été apporté par ma tante, je me rappelle, vers 1942 ou 1943 – elle avait franchi la ligne de démarcation, au moment des congés payés, pour venir voir sa sœur. Le train, et surtout l'inoubliable jeu des petits chevaux avaient fait partie des cadeaux à son cher neveu. Ces jouets, parfaitement insolites, disons le mot, dans les mœurs parcimonieuses de la campagne, nouaient un lien affectif étroit et fort avec la famille de la ville – la grande prestigieuse cité de tous les miracles – un lien avec cette « Tata Nénette » en particulier, brillante jeune sœur de ma mère qui avait su faire son chemin pour avoir travaillé chez Kodak – dans les bureaux ! – au point de devenir une dame coquette et rieuse, qui sentait bon. Ces émigrés-là avaient volontairement chassé d'eux le « patois » limousin – lorsqu'ils venaient en visite tout le monde parlait français à la maison : et il y avait des jouets ! Ces choses sont très intimement liées je crois. « Quelque part » le français lui-même est pour moi un jouet. Du reste j'ai passé la totalité de ma vie d'adulte à m'amuser avec lui !

L'hypothèse que je me plais à esquisser ici est donc que mes jouets ont constitué les prémices d'une coupure, une séparation mentale d'avec mon milieu ancestral. Les parties de petits chevaux me classaient à part dans le compagnonnage paysan, elles m'extirpaient de ma condition et me plaçaient en marge de mes camarades, dans une catégorie à inventer de petit garçon pauvre favorisé – au sens que l'on donne à l'expression « milieu favorisé ». Qui pourrait dire si, sans ces objets qui me branchaient sur la grand-ville – au sens électrique où chacune des trois ampoules de la maison recevait sa vie de loin – qui sait si j'aurais jamais tenté de faire des études ? Tenté de remonter, en somme, à la source des jouets ? – Est-ce qu'il n'y aurait pas là un premier grand pas vers la liberté ?… L'avion, le train qui m'a occupé pendant un grand nombre d'heures sombres sur le plancher de la cuisine, étaient des incitateurs à la fuite, il me semble. Au fond, je suis peut-être un peu le fils de mes jouets.

Attendez… Ça me revient – ça me remonte du néant ! – J'ai eu un bateau à voiles ! Parfaitement : un bateau de bois, tout blanc, qui faisait bien quarante centimètres de long… Avec une quille plombée du bout pour assurer la stabilité. Je le faisais voguer sur notre mare, parmi les grenouilles et les libellules… Il allait en Amérique, il revenait ! Comme le *Normandie* que ma mère avait vu au loin, au printemps de 1937, sur la Manche, lors des premiers congés payés – elle avait acheté une grande photo-souvenir qu'elle avait suspendue dans un cadre vitré, dans la chambre à coucher, comme une femme des villes qui rêve du grand large… Mon bateau s'échouait sur les joncs des rives de notre étang ! Un bateau fin, élégant, apporté par Tata Nénette, qui n'avait pas d'enfant. Un bateau svelte comme elle – et tellement original aussi dans notre pays sans lac, sans rivière, sans eau autre que celle de la pluie et des rigoles des prés… Avec ce voilier, comment ne pas aimer les voyages ?!

# POLICHINELLE A TROIS MAISONS

## Période 1825-1900

**Époque Empire. Catalogue d'un fabricant de jouets destiné aux colporteurs.**

*Page de droite: L'apparition du personnage de Polichinelle en jouet transforme son caractère de bossu ridicule en pantin bon enfant.*

Le XIXe siècle, qui semble avoir inventé le Commerce et l'Industrie, et leur a mis au moins des majuscules, a créé des manufactures de jouets. Entre le Premier Empire, ruineux, et le Second, économiquement florissant, la société bourgeoise s'épanouit; elle se fabrique des mœurs, des pudeurs, des romances; elle invente l'intimité, avec la chambre à coucher « privée », et la notion même de ce que les Anglais ont appelé *privacy*. La société bourgeoise met en forme les us et coutumes qui, lentement, pénétreront toutes les classes de la société au XXe siècle, après la Première Guerre mondiale.

Mais aussi la bourgeoisie a inventé l'enfant. Celui que l'on voit avec son col marin pousser un cerceau dans les allées d'un jardin bien tenu est son fils, l'enfant de sa prospérité. Au reste, la dimension de ce vaste col flottant et superflu symbolise l'abondance du tissu produit par les Filatures et les Manufactures d'un royaume bouillonnant de modernisme. Dans sa munificence, ce royaume agité entreprend de conquérir l'Afrique dont personne ne faisait rien, surtout les Africains. Le col marin à rayures blanches est le fanion secret, en somme, de l'abondance des « temps modernes »; ces temps d'espoir et d'aventures au long cours que représente la monarchie de Juillet, avec l'apparition, incroyablement futuriste, du Chemin de Fer! Les fillettes, elles aussi, sont adorablement inventées; elles portent parfois des cols marins, mais surtout des volants froncés à leurs robes, qui absorbent des mètres de tissu inutile et fin.

ARLEQUIN, POLICHINELLE ET BOBÈCHE

**Milieu du XIX<sup>e</sup> siècle. Catalogue d'un fabricant de jouets.**

*Trois planches peintes à la main. Page de droite : Des animaux en carton peint montés sur des soufflets. En actionnant le soufflet chaque animal entrouvrait la gueule et poussait un cri plaintif.*

L'enfant bourgeois se classifie ainsi dans l'aisance des jeux, mêlés de prières ; il affiche la fierté de lui-même et le respect de sa famille qui lui montre le chemin de la « réussite » sociale.

Pendant le même temps l'existence de l'enfant du peuple devient terrible, pire qu'elle n'a jamais été sans doute depuis l'époque des grandes famines et des épidémies de peste. L'enfant pauvre, à l'époque du col marin, devient l'otage de la prospérité ambiante ; il est un misérable esclave des mines et des fabriques.

La création des jouets manufacturés à grande échelle symbolise de la sorte un écartèlement de la condition enfantine : soyeuse comme jamais du côté des riches, fournisseuse de « chair à travail » sur le versant pauvre. Le jouet – on dira le « joujou » dans la société polie – creuse le fossé entre la partie de l'humanité née avec une petite cuillère d'argent dans la bouche, et celle, la plus populeuse, qui est happée par la déveine et laminée par les machines.

Le jouet est d'abord une miniature ; il représente la richesse en miniature, la possession mise à l'échelle de l'enfant. Il est destiné à entraîner l'enfant à commander, à être le maître et seigneur des objets – du moins le jouet purement ludique tel qu'il émerge au XIX<sup>e</sup> siècle, au-delà du jouet d'adresse comme le sont les quilles, la toupie, la fronde, censés développer l'habileté manuelle du garçon, ou les jeux de berceau, destinés à préparer les petites filles à leur rôle de mère.

Un catalogue de 1850 propose de grosses boîtes au trésor qui contiennent des réductions de ce qu'il faut aimer posséder. Ce sont des objets et des personnages de la vie courante ramenés par

**1850. Catalogue de Carl Heinrich Oehme.**

*Ce commerçant représentait les différents fabricants de jouets en bois de la région allemande de l'Erzgebirge.*

commodité à quelques pouces de haut, fixés sur des socles ronds dont le poids abaisse le centre de gravité et assure l'équilibre. Il existe des boîtes à forêts composées d'arbres divers, et surtout des mallettes à boutiques qui agitent la fibre commerçante ; on magnifie le petit commerce à la portée de tous par le désir de jouer à la marchande – ce sont des femmes en effet qui vendent derrière les étals, on les « possède » aussi dans l'imaginaire mercantile. On trouve la boulangère, la libraire, la vendeuse de drap, de poteries, de chapeaux... Les maisons en réduction abondent. Les planches de jouets sont des odes au négoce et à l'immobilier ! Elles ont une splendeur de Second Empire.

D'autres planches excitent la convoitise de la bouche – un étalage assez curieux de « bonnes choses » sur des petites assiettes identiques : fruits, poissons, saucisses et boudins, toute une variété de fromages et de desserts sucrés, flans aux fruits rouges, clafoutis, calissons – de quoi faire venir l'eau sous la langue des petits enfants bien nourris. Seuls deux jeux, jeux actifs à proprement parler, apparaissent : le yoyo et le bilboquet.

Ce qui est surprenant toutefois, et montre bien de quel bois se chauffent les créateurs, c'est la précocité des reproductions de machines à vapeur. L'extraordinaire miniaturisation des locomotives et du chemin de fer frappe par-dessus tout ; ils n'ont pourtant qu'une douzaine d'années d'existence au moment de la Seconde République, par ailleurs si fragile, et si troublée...

Parce que le jouet est aussi et surtout le support du rêve. Il représente la petite ouverture vers le monde de l'imaginaire qui commande et règle nos vies. Pour l'enfant il permet la projection de lui-même dans le monde des grands, pour l'adulte il est un lien direct avec le monde des petits. L'enfant trouve dans le jouet qui est à sa portée assurance et consolation, parce que l'objet lui est un confident docile et attentif. Une fillette peut passer des heures à converser avec sa poupée, alors qu'elle ne trouverait jamais une personne assez complaisante pour résister à un bavardage

26.
1665.
1721.

70 A. N° 4.
47.

**1850. Catalogue de Carl Heinrich Oehme.** *Les jouets offrent une fascinante représentation de la société.*

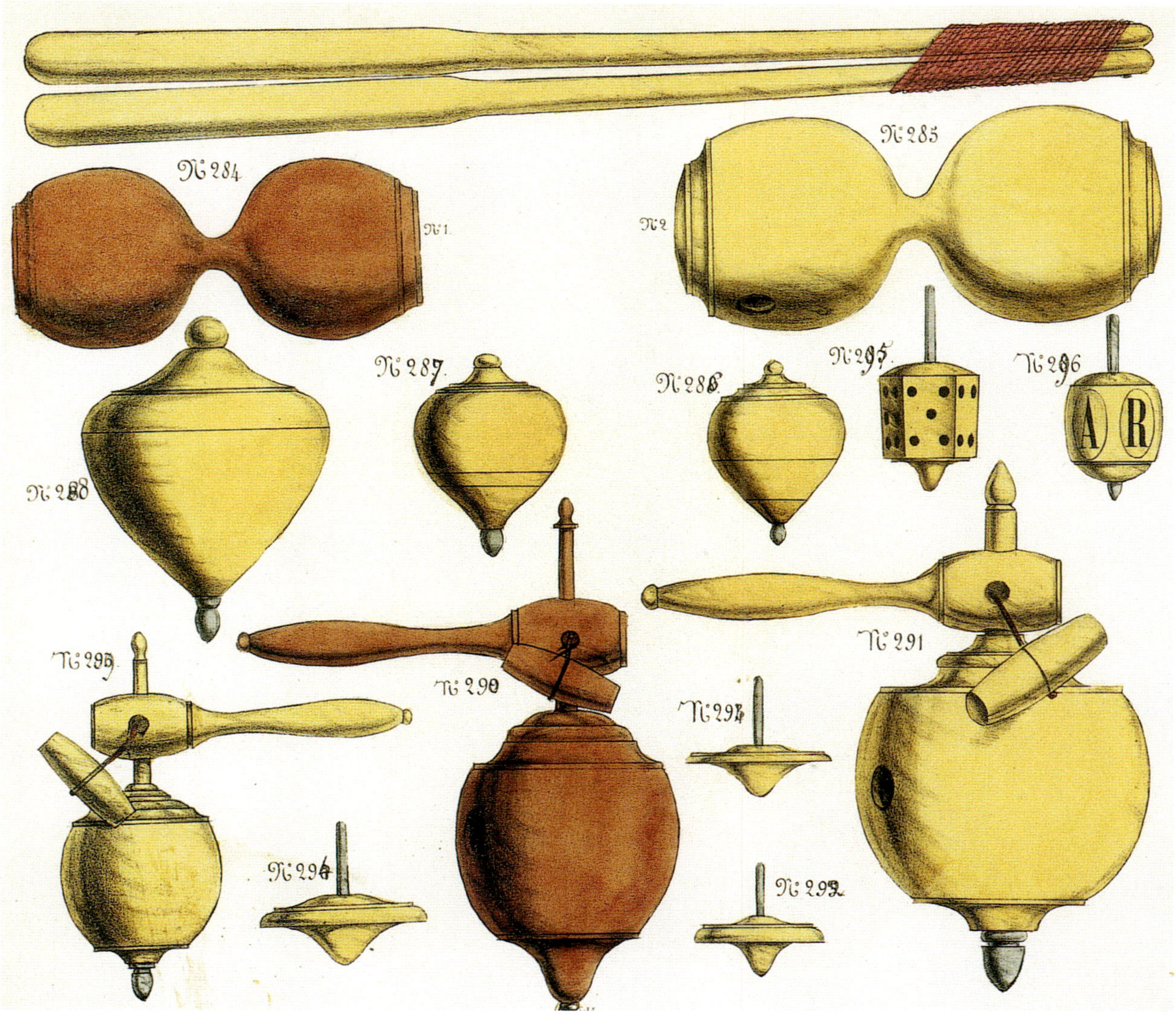

**1847. Catalogue de jeux et tabletterie de la Maison Coqueret.**

*Les jouets d'adresse, comme le sont les quilles, la toupie, la fronde, sont censés développer l'activité manuelle du garçon.*

aussi continu. La poupée, la dînette, comme le char à bœufs et la locomotive à vapeur sont par conséquent des instruments de la liberté. Le jouet est la clef des champs de l'imaginaire.

En 1848 le train révolutionne déjà les structures d'échanges de biens et les mouvements de populations dans une France en forte « croissance ». Celui qui est figuré sur la planche offre une fascinante représentation de la société dans la république patatière de 1850. Les wagons ont déjà les trois classes qu'ils conserveront jusqu'aux années 1960. La première classe – à bande rouge comme aujourd'hui – est munie d'un poêle dont le tuyau dépasse largement, et quelque peu fièrement, au-dessus du toit. Chacun des deux wagons est servi par un laquais juché à l'extérieur, à l'arrière, sur le modèle fastueux des carrosses ; ce qui implique une vitesse plus ou moins comparable à celle des chevaux.

La deuxième classe n'a pas de valet accompagnateur, mais elle possède un poêle – ce qui est assurément en plein hiver un progrès sur les diligences… La troisième classe n'est pas chauffée – il convient de ne pas mélanger les genres : serviettes ou torchons. Elle est suivie d'un wagon-bétaillère qui transporte des moutons, classe encore inférieure à la précédente.

Ce train, mobile sur une voie en pente qui lui sert de rampe de lancement, est pour l'enfant de 1850, mais aussi pour sa mère, ses frères, ses sœurs, et la bonne – le père a probablement déjà emprunté le chemin de fer ! –, l'équivalent de la navette Terre-Lune de 1969… Il représente le progrès triomphant, l'ouverture sur un monde infiniment radieux qui prendra très vite la forme du Second Empire – pour le meilleur !

La Troisième République vit le triomphe des grands magasins. Au Bon Marché, fondé par la famille Boucicaut en 1852, les Grands Magasins du Louvre, le Printemps, la Samaritaine, les Galeries Lafayette à partir de 1895, offrent le moment venu, à la veille des étrennes, des collections de

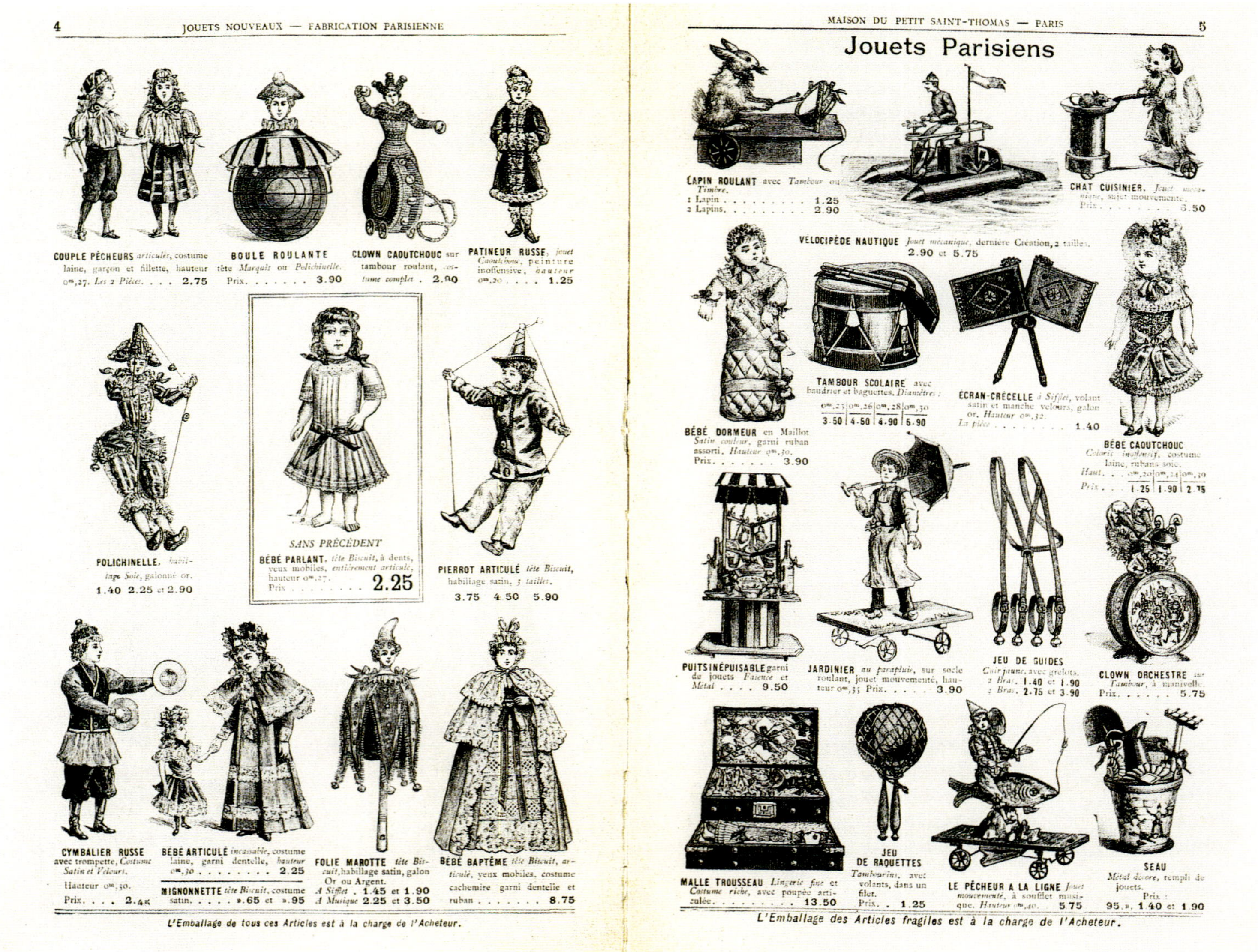
4 JOUETS NOUVEAUX — FABRICATION PARISIENNE

COUPLE PÊCHEURS *articulés*, costume laine, garçon et fillette, hauteur 0m,27. *Les 2 Pièces*. . . . 2.75

BOULE ROULANTE tête *Marquis* ou *Polichinelle*. Prix. . . . . . . 3.90

CLOWN CAOUTCHOUC sur tambour roulant, costume complet . 2.90

PATINEUR RUSSE, *jouet Caoutchouc*, peinture inoffensive, *hauteur* 0m,20 . . . . 1.25

POLICHINELLE, *habillage Soie*, galonné or. 1.40 2.25 et 2.90

SANS PRÉCÉDENT
BÉBÉ PARLANT, *tête Biscuit*, à dents, yeux mobiles, *entièrement articulé*, hauteur 0m,27. Prix . . . . . . . . 2.25

PIERROT ARTICULÉ *tête Biscuit*, habillage satin, *3 tailles*. 3.75 4.50 5.90

CYMBALIER RUSSE avec trompette, *Costume Satin et Velours*. Hauteur 0m,30. Prix. . . . 2.45

BÉBÉ ARTICULÉ *incassable*, costume laine, garni dentelle, *hauteur* 0m,30 . . . . . . . . 2.25

MIGNONNETTE *tête Biscuit*, costume satin. . . . . ».65 et ».95

FOLIE MAROTTE *tête Biscuit*, habillage satin, galon Or ou Argent. *A Sifflet* . 1.45 et 1.90 *A Musique* 2.25 et 3.50

BÉBÉ BAPTÊME *tête Biscuit, articulé*, yeux mobiles, costume cachemire garni dentelle et ruban . . . . . . . 8.75

L'Emballage de tous ces Articles est à la charge de l'Acheteur.

MAISON DU PETIT SAINT-THOMAS — PARIS 5

Jouets Parisiens

LAPIN ROULANT avec *Tambour ou Timbre*. 1 Lapin . . . . . . . . . 1.25 2 Lapins. . . . . . . . . . 2.90

VÉLOCIPÈDE NAUTIQUE *Jouet mécanique*, dernière Création, 2 tailles. 2.90 et 5.75

CHAT CUISINIER. *Jouet mécanique*, sujet mouvementé. Prix . . . . . . . . 6.50

BÉBÉ DORMEUR en Maillot *Satin couleur*, garni ruban assorti. *Hauteur* 0m,30. Prix. . . . . . . 3.90

TAMBOUR SCOLAIRE avec baudrier et baguettes. *Diamètres* :

| 0m,23 | 0m,26 | 0m,28 | 0m,30 |
|---|---|---|---|
| 3.50 | 4.50 | 4.90 | 5.90 |

ÉCRAN-CRÉCELLE à *Sifflet*, volant satin et manche velours, galon or. *Hauteur* 0m,32. *La pièce* . . . . . . . . 1.40

BÉBÉ CAOUTCHOUC *Coloris inoffensif*, costume laine, rubans soie.

| Haut. . . . | 0m,20 | 0m,24 | 0m,30 |
|---|---|---|---|
| Prix . . . | 1.25 | 1.90 | 2.75 |

PUITS INÉPUISABLE garni de jouets *Faïence et Métal* . . . . 9.50

JARDINIER au *parapluie*, sur socle roulant, jouet mouvementé, hauteur 0m,35. Prix. . . . . 3.90

JEU DE GUIDES *Cuir jaune*, avec grelots. *2 Bras*. 1.40 et 1.90 *4 Bras*. 2.75 et 3.90

CLOWN ORCHESTRE sur *Tambour*, à manivelle. Prix. . . . . . . . 5.75

MALLE TROUSSEAU *Lingerie fine et Costume riche*, avec poupée articulée. . . . . . . . . 13.50

JEU DE RAQUETTES *Tambourins*, avec volants, dans un filet. Prix. . 1.25

LE PÊCHEUR A LA LIGNE *Jouet mouvementé*, à soufflet musique. *Hauteur* 0m,40. 5.75

SEAU *Métal décoré*, rempli de jouets. Prix : 95 c., 1.40 et 1.90

L'Emballage des Articles fragiles est à la charge de l'Acheteur.

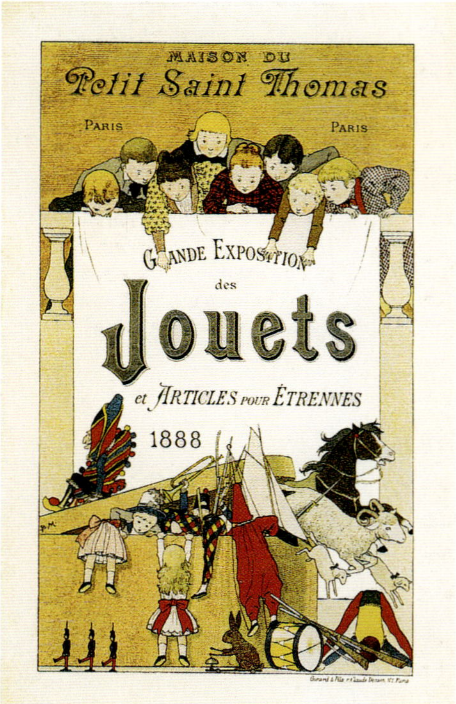

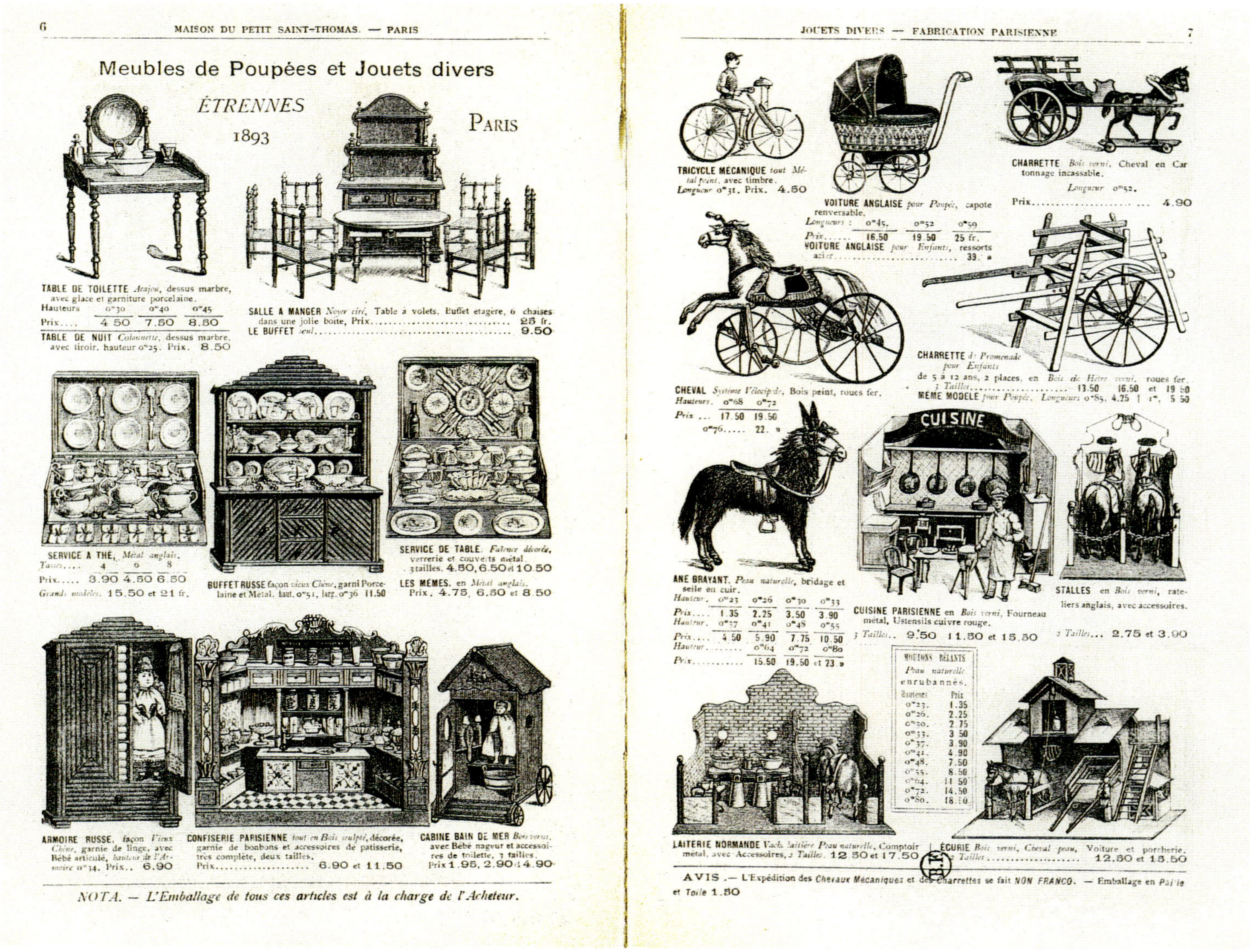


**1888/1892. Catalogues de la Maison du Petit-Saint-Thomas.**
*Dès 1830, Siméon Mannoury, directeur du Petit-Saint-Thomas, mit en place une politique commerciale révolutionnaire: organisation des premières soldes, création de la vente par correspondance, petits cadeaux offerts aux enfants prénommés Thomas. En 1834, le chef de rayon s'appelle Aristide Boucicaut. Il deviendra par la suite le fondateur du Bon Marché.*

jouets dont ils créent parfois les modèles par marque déposée. L'enfant représente dès lors une classe de consommateurs non négligeable – l'enfant de la bourgeoisie presque uniquement comme nous l'allons voir.

La miniaturisation des petits êtres donne lieu à une invraisemblable production de poupées de toutes tailles. L'invention vers 1875 de la poupée articulée incassable par un bricoleur de génie, Émile Jumeau, fit faire un grand pas à l'industrie de la poupée, et à sa faveur dans un large public. Dès que l'on entend « Bébé Jumeau », on cherche du coin de l'œil le petit frère!... Un nom aussi prédestiné chez le créateur de ce jouet ne pouvait qu'en augmenter l'attrait et favoriser sa bonne fortune. La reproduction devenait un peu, sur le plan affectif, le frère jumeau du petit enfant!

Les catalogues de l'époque offrent des poupées, réductions de « belles dames », allant de 16 à 30 centimètres; de manière inattendue ce sont les petites tailles qui pendant une période coûtent le plus cher: 24,50 francs pour celle de 16 centimètres, au lieu de 9,75 francs pour celle de 30. C'est parce qu'il est plus difficile et plus long de coudre et d'orner des habits minuscules que des grands. Le prix de la main-d'œuvre explique la différence, et non celui de la matière première. D'ailleurs la poupée vêtue en bébé, d'une robe simple et droite, ne vaut que 18,50 francs pour la même dimension.

À propos de prix, il convient de mettre ceux-ci en rapport avec le pouvoir d'achat de l'époque. En 1870, à la Manufacture des Tabacs, à Paris, un ouvrier gagne 3 francs par jour, une ouvrière 2 francs. On a tout compris sur la répartition sociale des jouets si l'on compte que la poupée-dame la plus grande coûte un peu plus de trois journées d'ouvrier et la plus petite huit journées!

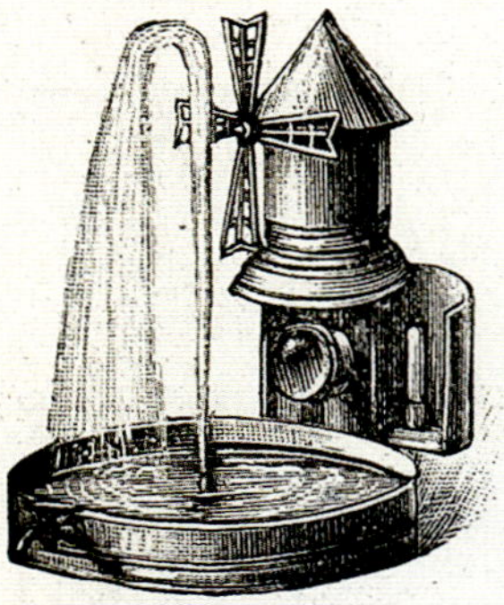

**FONTAINE LUMINEUSE** métal nickelé, 4 couleurs, hauteur $0^{m}31$. . . . 5.75

**CAGE** oiseau chanteur, mécanique mouvementé, métal peint et décoré, hauteur $0^{m}26$. . 3.75

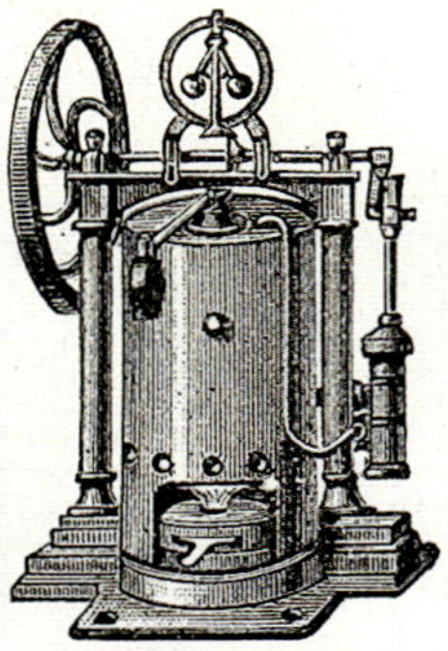

**LOCOMOBILE** inexplosible, métal peint, marchant à la vapeur. *Prix* 3.90

**PERROQUET** mécanique, ailes mobiles, métal peint. Haut. $0^{m}26$. 1.25

**SLOOPS** à voiles, insubmersibles, métal peint, long. $0^{m}45$. 2.45
**Le même**, — $0^{m}52$. 4.90

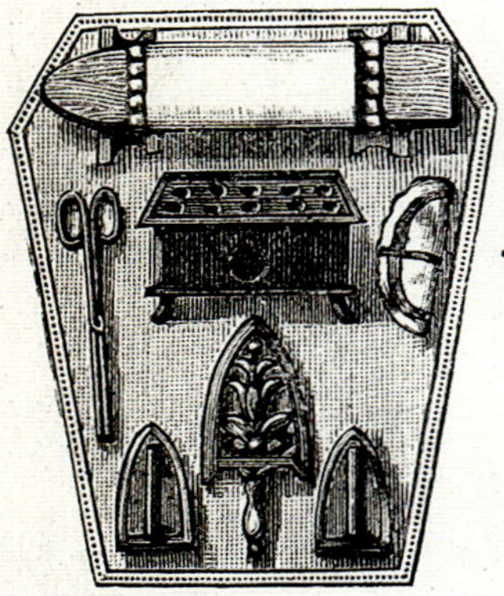

**PANOPLIE** blanchisseuse, avec tous les accessoires, 2 tailles.
*Prix* 5.90 et 2.90

**TRAMWAY** métal peint et décoré, avec voyageurs.
Longueur $0^{m}40$ . . . . . . . . . . . . . . . . 1.95

**VOITURE FOURRAGÈRE** métal peint, chargée de ménages fer battu, longueur $0^{m}46$ . . . . . . . . . . . . . 2.45

**Nouveauté COURRIER du CZAR** avec ceinture métal extensible. 5.50
**Même modèle** pour bras. . 3.90
**PANOPLIE** guides, avec fouet. 1.45
**La même**, avec tête de cheval. 2.25

**FOURNEAU** cuisine, métal verni, avec barre cuivre. longueur $0^{m}28$.
*Prix* 5.90

**CHEMIN DE FER** sur rails, avec gare, tunnel, sémaphore. 8.75
**Le même**, sans tunnel, ni sémaphore. . . . . . . . . 6.50
**Le même**, sans gare, ni tunnel, ni sémaphore. . . . . c.90

**FOURNEAUX** dossier décoré brique et faïence. 3.90, 4.90, 5.90, 6.90
**FOURNEAUX** émaillés blanc dossier.
*Prix* 1.45, 2.90 5.90, 10.25

**ÉCURIE** avec grenier et voiture, cheval peau, hauteur $0^{m}31$ . . . . . . 6.90
Modèle plus grand. . . . . . . . 10.75

**JEU DE CYCLISTES** drapé, 1 piste, 4 coureurs.
*Prix* 4.90
**Le même** drapé, 2 pistes, 8 coureurs. 6.90
**JEU DE COURSES** drapé, 1 piste, 4 chev. 3.50
— — — 2 — 8 — 6.90
— — plus grand 2 — 8 — 12.50

**LANTERNE MAGIQUE** avec 12 tableaux.

| Haut. | $0^{m}20$ | $0^{m}22$ | $0^{m}25$ | $0^{m}29$ |
|---|---|---|---|---|
| *Prix.* | 5.75 | 6.90 | 8 50 | 11.50 |

**LANTERNE MAGIQUE** bijou, avec 12 tableaux. . . . . . . . . . . 1.45

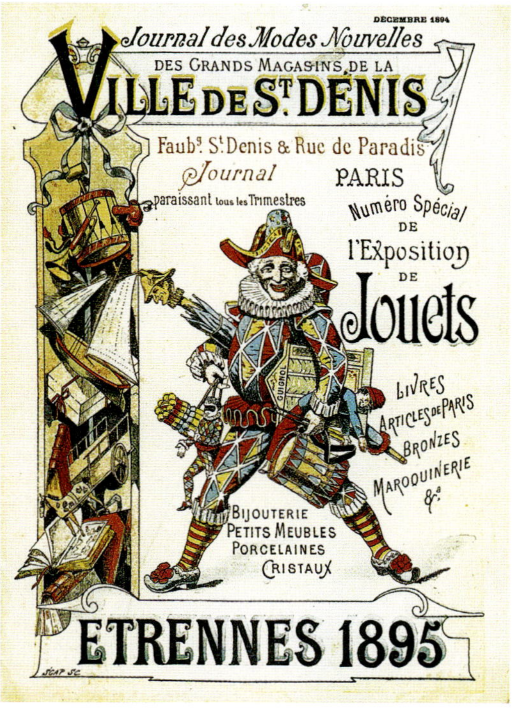

**1895. Catalogues des Grands Magasins de la Ville de Saint-Denis.**

*Le polichinelle fut durant de nombreuses années l'emblème des catalogues d'étrennes de ce magasin proche de la gare de l'Est.*

(Pour une ouvrière ce serait respectivement quatre journées et demie, et douze journées). Pour essayer de mettre au rang des valeurs actuelles – très approximativement car les corps de métier n'ont ni la même importance relative, ni le même rang dans l'échelle des salaires – la grande poupée serait à 360 euros et la petite à 1000. Qui mettrait un tel prix sur une poupée ?….

Dans les mêmes catalogues un « mouton bêlant, orné de rubans satin, cerise ou noir », en grandeur naturelle, va de 15 francs à 36 francs – de cinq à douze journées d'ouvrier. Rapporté à notre époque, ce prix serait dix fois à vingt-cinq fois celui d'un mouton vivant, broutant dans un pré !

Évidemment les commerçants jouent sur la concurrence ; déjà en 1876, l'année où mourut George Sand (et la date à laquelle l'Assemblée nationale décida de mettre fin aux poursuites pour des faits relatifs à l'insurrection de la Commune), les Grands Magasins de la Paix, « entre la Bourse et le grand Opéra », cassaient les prix en deux. La « vache laitière beuglant » va de 7,75 à 20 francs, et le « mouton bêlant » de 60 centimètres de haut – grandeur nature – coûte 15,75 francs seulement. À cette aune, les journées d'ouvrier ont beaucoup augmenté de nos jours car un mouton sur pied, à l'heure actuelle, ne dépasse guère la demi-journée du salaire moyen d'un artisan.

Cependant le polichinelle de 44 centimètres de haut, monté sur un petit plateau à roulettes « faisant plusieurs fois le tour de la chambre en remontant la mécanique de sept tours de clef », vaut 25 francs. Un couple de danseurs « habillés de satin et velours couleurs » est proposé à

**1890. Catalogue de la Manufacture de jouets E.F.Lefèvre.**

*Cette fabrique de jouets située dans le XIe arrondissement de Paris destinait ses catalogues grand format aux revendeurs.*

*Page de droite : Ce catalogue de vingt planches n'en consacrait que trois aux petites filles.*

30 francs – ce ne sont pas les ouvrières de la Manufacture des Tabacs qui pourront faire ce genre d'emplettes, surtout si elles ont elles-mêmes « un polichinelle dans le tiroir » comme on le disait vulgairement d'une femme enceinte !

La seconde moitié du XIXe siècle voit une floraison du personnage de Polichinelle, popularisé par les théâtres de marionnettes. Son apparition en jouet transforme son caractère de bossu ridicule en pantin bon enfant. Sa faveur est grande dans la fin du siècle – au point que le *Journal des modes nouvelles* des Grands Magasins de la Ville de Saint-Denis (situés à l'angle de la rue du Faubourg-Saint-Denis et de la rue de Paradis, à Paris) fait sa page de couverture du numéro de décembre 1894 avec un polichinelle transportant une brassée de cadeaux – à savoir un arlequin, un jeu de quilles, un tambour, un castelet de guignol avec une marionnette, et un grand parapluie au manche orné d'une tête coiffée d'un chapeau de gendarme. Exactement le même dessin est utilisé durant plusieurs années pour la première page du catalogue des mêmes Grands Magasins de la Ville de Saint-Denis.

Au regard du « monde ouvrier », le monde des jouets au XIXe siècle se situe carrément sur une autre planète. Du reste le catalogue des étrennes du Louvre pour 1898 présente en couverture deux personnages venant de faire leurs achats de fin d'année : il s'agit d'un bourgeois cossu en gibus et à favoris, aux bras chargés de jouets divers – un polichinelle, toujours présent dans l'environnement ludique des enfants comme il faut, un lapin tambourineur, un sabre, une trompette (liés à l'armée), plus six paquets. Il est suivi d'un majordome glabre encombré de trois volumineuses boîtes enrubannées, plus un ballon multicolore. Cela doit représenter quelque deux mois et demi de salaire ouvrier de l'époque, ou cent journées de travail d'une ouvrière. En quelque sorte Polichinelle a trois maisons – elles ont des poutres et des chevrons, des meubles luisants polis par les ans, frottés par la bonne.

La différence de classe sociale au XIXe siècle se situe donc d'abord dans cette dichotomie : avant 1900 il existe des enfants à jouets et des enfants sans jouets. Dans *Mort à crédit*, où il raconte son enfance

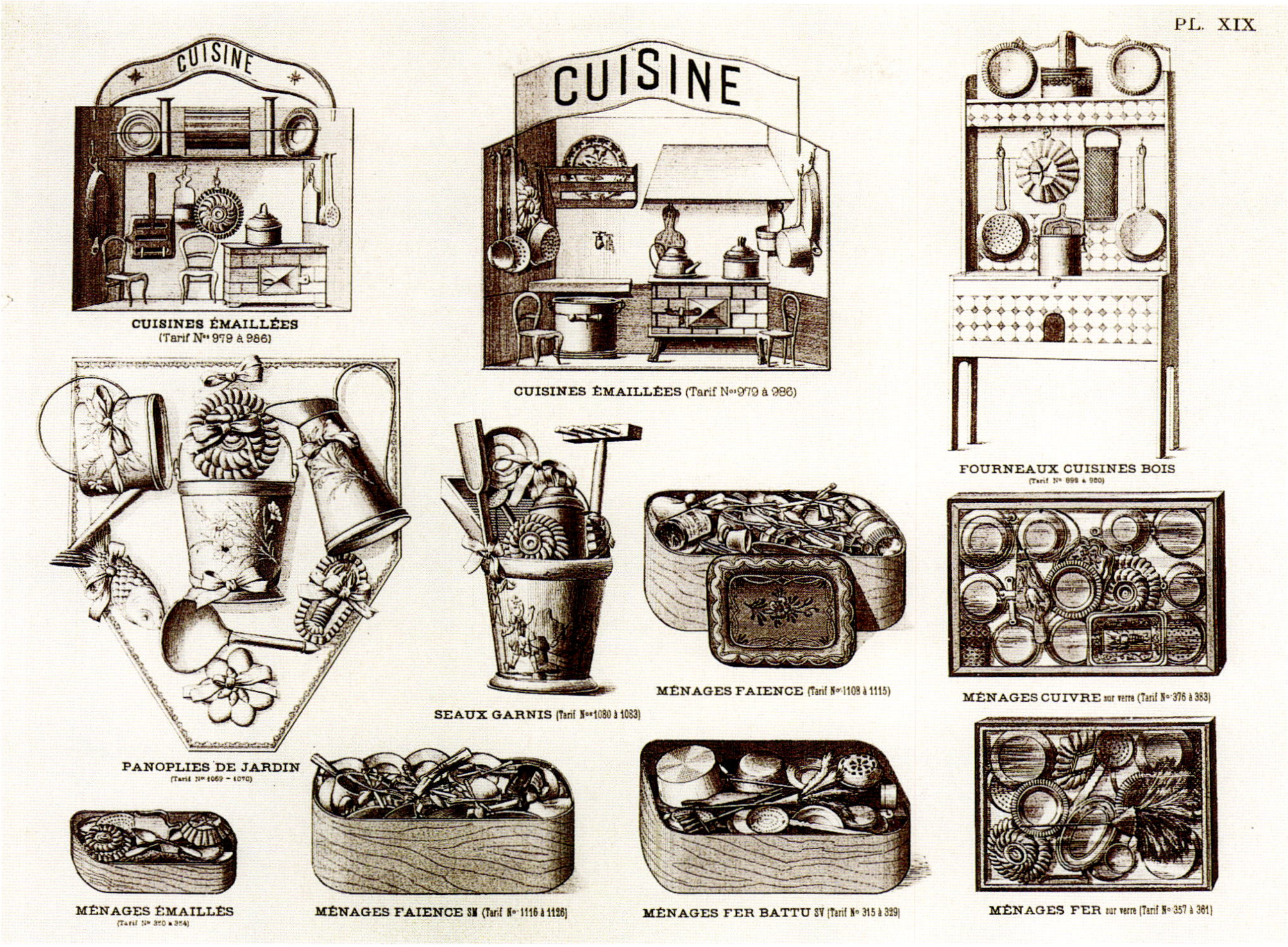
PL. XIX
CUISINE
CUISINES ÉMAILLÉES
(Tarif Nos 979 à 986)
CUISINE
CUISINES ÉMAILLÉES (Tarif Nos 979 à 986)
FOURNEAUX CUISINES BOIS
(Tarif Nos 898 à 900)
PANOPLIES DE JARDIN
(Tarif Nos 1069 – 1070)
SEAUX GARNIS (Tarif Nos 1080 à 1083)
MÉNAGES FAIENCE (Tarif Nos 1108 à 1115)
MÉNAGES CUIVRE sur verre (Tarif Nos 376 à 383)
MÉNAGES ÉMAILLÉS
(Tarif Nos 350 à 354)
MÉNAGES FAIENCE SM (Tarif Nos 1116 à 1126)
MÉNAGES FER BATTU SV (Tarif Nos 315 à 329)
MÉNAGES FER sur verre (Tarif Nos 357 à 361)

PL VI
GRANDES MANŒUVRES, FORME FORTERESSE BOIS, SOLDATS Gre MASSIF (Tarif Nos 269-271)
FORTERESSE BOIS No 10, GARNIE DE SOLDATS, Gre MASSIF (Tarif Nos 250-268)
FORTERESSE BOIS No 8, GARNIE DE SOLDATS, Gre MASSIF (Tarif Nos 250 à 268)
FORTERESSE BOIS No 11, GARNIE DE SOLDATS, Gre MASSIF (Tarif Nos 250 à 268)

CHEMINS DE FER SUR RAILS N° 2 (Tarif N°s 478 à 491)

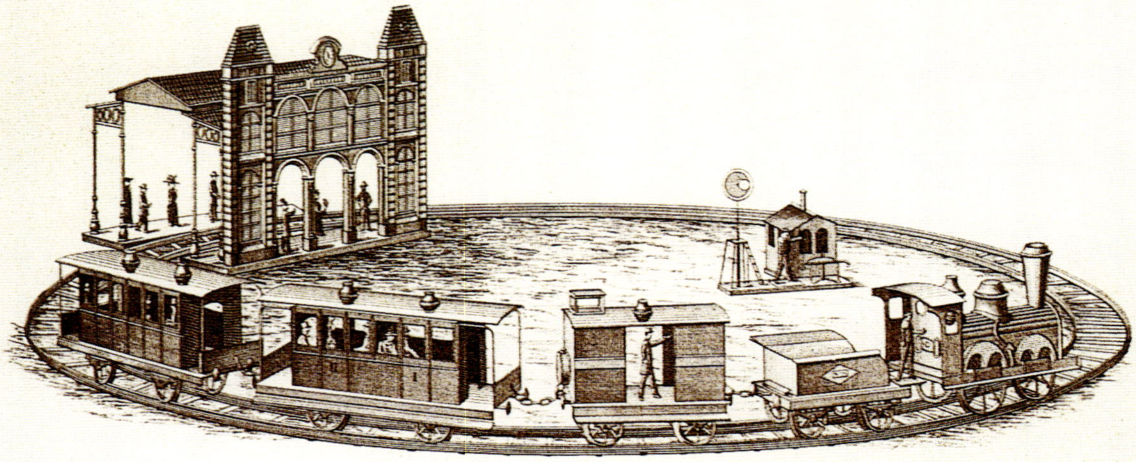

CHEMINS DE FER SUR RAILS N° 6 (Tarif N°s 478 à 491)

CHEMINS DE FER SUR RAILS N° 4 (Tarif N°s 478 à 491)

PL. X

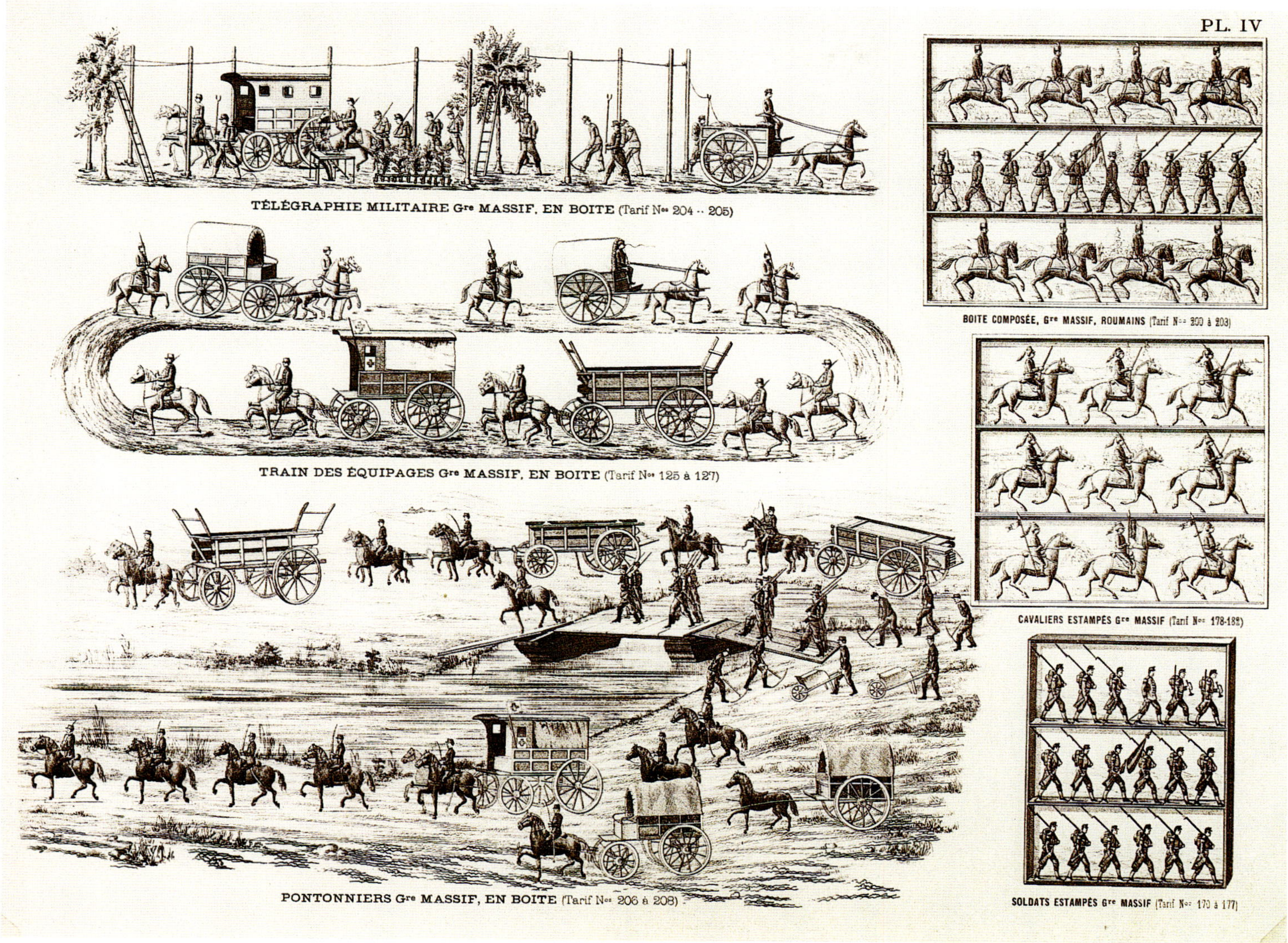


**1890. Catalogue de la Manufacture de jouets E.F.Lefèvre.**

*Chemins de fer, bateaux, voitures hippomobiles, petits soldats et pompiers à l'exercice complétaient ce riche catalogue.*

par le menu – « Le siècle dernier je peux en parler, je l'ai vu finir » –, Louis-Ferdinand Céline, fils unique d'une commerçante et d'un employé aux écritures, ne semble faire allusion à aucun jouet manufacturé. Enfant choyé pourtant, par sa mère dans la vie réelle, mais sans aller jusqu'aux joujoux… Cette coupure n'est comparable à rien aujourd'hui, sinon peut-être à la situation d'un enfant d'Europe bien nourri (trop nourri), et d'un enfant africain au ventre ballonné par la malnutrition. Mais le contraste est alors évidemment moins dramatique, car l'absence de jouets du commerce ne mettait nullement en danger l'enfant du peuple, lequel se créait les siens, parfois avec une extraordinaire astuce.

Une constatation s'impose au XIXe siècle : le Père Noël n'est pas encore né. Noël, fête pieuse, célèbre dans le recueillement la naissance de Jésus-Christ. L'arrivée sur terre du Sauveur n'a pas encore enfanté une fête commerciale. En effet la distribution des jouets a lieu à l'occasion des *étrennes*, cela depuis toujours. La tradition est très ancienne, millénaire, d'offrir quelque chose aux enfants le *jour de l'an* – soit le 1er janvier depuis le XVIe siècle – au moment où l'année nouvelle commence…

Les catalogues de jouets distribués à la clientèle et destinés à faciliter le choix des parents aisés paraissent donc au cours du dernier trimestre de l'année finissante, et le plus souvent au début du mois de décembre. Ce sera longtemps le premier lundi de décembre… Ce qu'ils annoncent ce sont les étrennes de l'année qui va naître : ainsi le catalogue marqué *Étrennes 1898* est paru à la fin de 1897 ; il propose les jouets fabriqués cette année-là.

Noël, alors, c'est encore les contes pieux, si possible au coin de l'âtre, la messe qui ouvre le jour, après minuit, de la venue du Sauveur, c'est la neige qui étouffe les pas dans la marche vers l'église

**Fin du XIXe siècle. Catalogue d'Articles de Paris.** *140 planches et autant d'innovations.*

illuminée de chandelles, le recueillement d'une soirée où l'on se réjouit en famille ensuite, autour d'une table joliment garnie. Noël, c'est les étoiles au ciel et la douceur des cantiques.
Toutefois, comme tout évolue, et que la Science (majuscule aussi) repousse lentement mais sûrement la Foi, dans les dernières années du siècle les cris de « Joyeux Noël » commencent à devenir un peu plus païens à mesure que les trains prennent de la vitesse, que les automobiles se perfectionnent, et que le cinématographe balbutiant des frères Lumière multiplie ses images… En d'autres termes le Bonhomme Noël, comme on l'appelle alors, arrondit sa panse et fait un peu la nique à l'Enfant Jésus. Le « sabot de Noël » ancienne coutume, symbole de charité chrétienne, qui faisait faire la quête aux enfants en cortège sous la lune, de maison en maison, en chantant des airs très doux sur des paroles pleines d'espérance, ce sabot-là tend à mettre les pieds dans le plat… Le réveillon, d'année en année, se charge de mangeaille et de chants profanes.
En 1897, l'œuvre Joyeux Noël, créée par des dames au grand cœur, se donne comme programme de « distribuer chaque année, à la date de Noël, des jouets *neufs* aux enfants pauvres et aux enfants malades ». À côté des jouets, des provisions de chocolat et des vêtements chauds font aussi partie de la charitable distribution. Mais l'époque est aux « Œuvres », dans les grandes villes peuplées de misérables, résidus de la grande industrialisation, des soupes populaires tâchent, l'hiver, de maintenir en vie un *lumpen-prolétariat* (ce mot allemand apparaît vers 1900). Des poètes comme Jean

**Fin du XIXe siècle. Catalogue d'Articles de Paris.**
*La fabrique de jouets fondée par Charles Rossignol en 1868 dut son succès à ses modèles principalement réalisés en métal agrafé.*

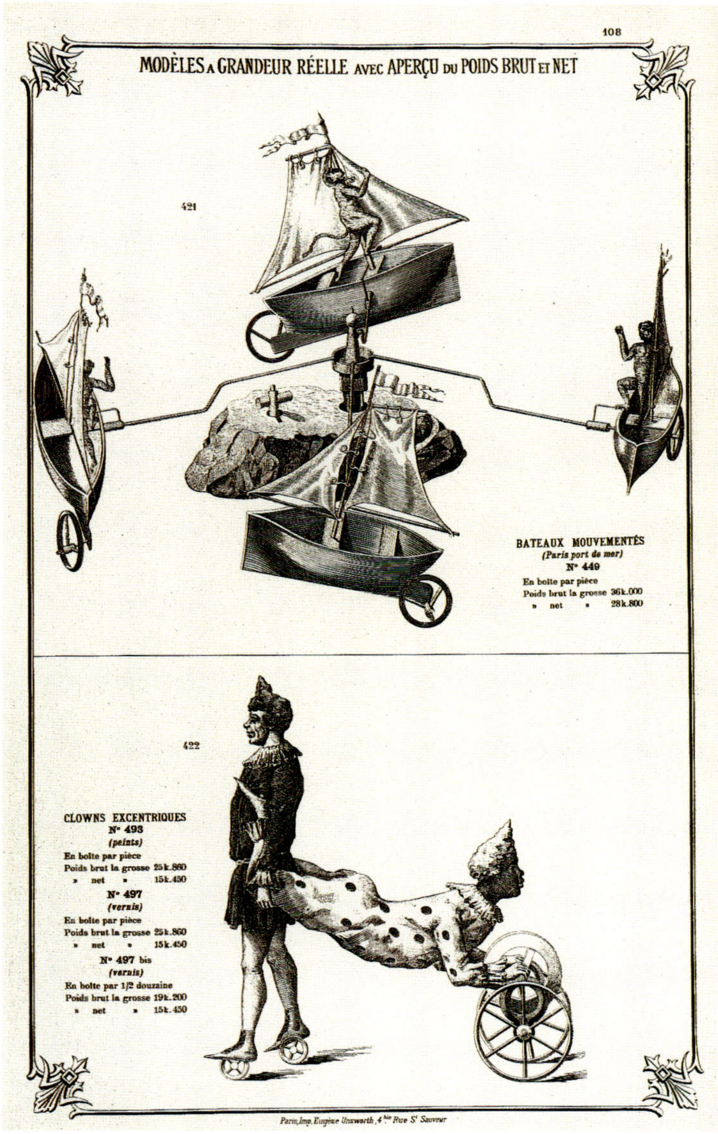


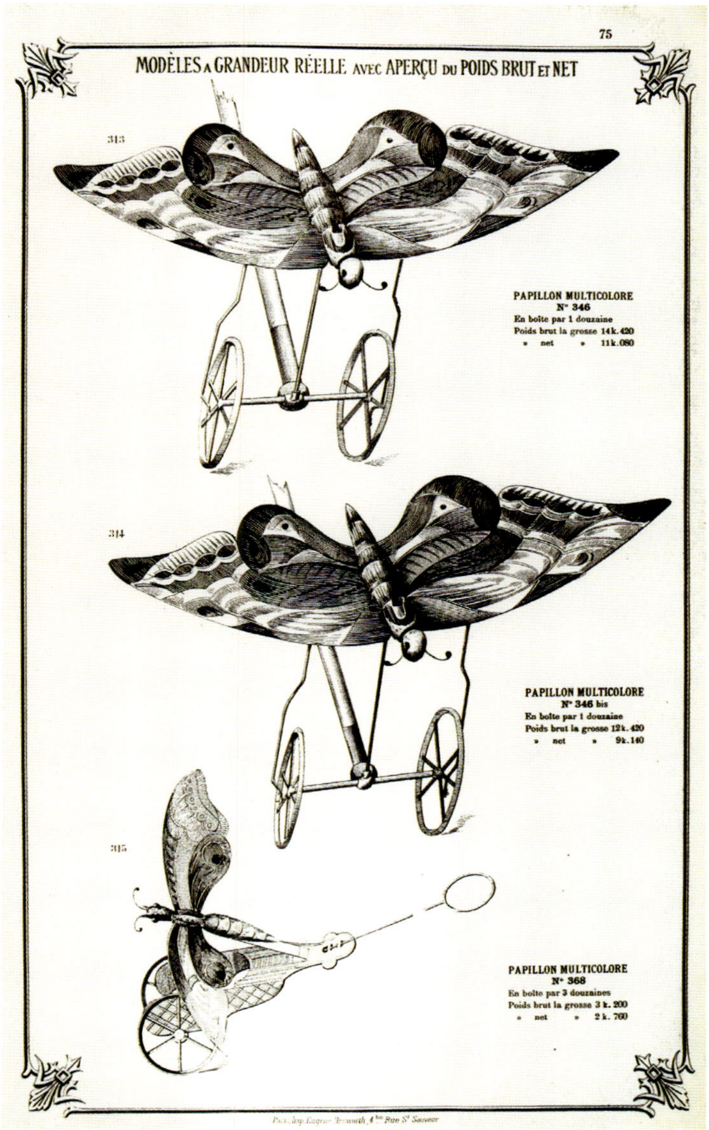

**1898. Catalogue du Louvre.**

*La couverture dessinée par Albert Guillaume laisse apparaître que les jouets à l'époque étaient principalement destinés aux enfants des familles aisées.*

**Fin du XIX$^e$ siècle. Catalogue de la Manufacture de jouets F. Maurice**

*Maison spécialisée dans les bateaux mécaniques haut de gamme.*

Richepin chantent la misère des gueux, et des chanteuses de café-concert comme Eugénie Buffet chantent réellement dans la rue pour soutenir la quête à leur profit.

Bref, à Paris, alors que le grand tohu-bohu des achats de fin d'année a encore lieu autour des « baraques du Nouvel An » alignées sur les Boulevards, de la Madeleine à la Bastille, et que les étrennes demeurent les étrennes du 1$^{er}$ janvier, la nuit du réveillon prend ses aises dans les cafés pleins de vacarme, et les cabarets sont pris d'assaut dès le dernier coup de minuit sonné. Le réveillon de Noël devient une fête qui s'entoure de plus de tumulte mondain que de pieuse poésie. La diffusion des jouets suivra cette pente.

Ce qui étonne, rétrospectivement, si l'on regarde la dernière décennie du XIX$^e$ siècle, c'est l'utilisation que l'on fit sur le marché du jouet des plus récentes innovations ferroviaires ou maritimes – alors que l'automobile, pourtant objet de concours, n'en est encore qu'au stade quasi expérimental et n'apparaît pas sous forme de jouet. Il est remarquable également que la bicyclette, qui connaît une explosion extraordinaire au cours des années 1890 – avec un grand retentissement de courses comme le Bordeaux-Paris –, ne soit l'objet d'aucune miniaturisation ludique, pour l'instant. La raison en est probablement qu'il s'agit avant tout d'un moyen de transport éminemment populaire – qui change les distances entre les résidences d'ouvriers et les ateliers. Or, le vélo marqué par cette appartenance prolétaire ne saurait attirer une clientèle bourgeoise. On n'aurait pas encore l'idée d'offrir une petite bicyclette à son enfant nanti – mais cela ne saurait tarder. On trouve dans le catalogue de la Manufacture de jouets F. Maurice, sise 67, rue de Turenne, dans le III$^e$ arrondissement de Paris, des transatlantiques à 165 francs, des petits bateaux ou canots mécaniques entre 18 et 41 francs selon leurs longeurs.

Une abondante exploitation est faite par ailleurs des « gares à voyageurs », des voies ferrées, des locomotives à vapeur et des locomotives complexes fonctionnant au « gaz d'alcool », entre 24 francs et 91 francs. Il est vrai qu'en 1894, année de l'assassinat du président Carnot, fut mis en service le tramway à vapeur de Paris à Arpajon – une préfiguration lente des RER – qui avait de quoi animer les imaginations. Il faut dire aussi que l'actualité était riche : c'est le 22 octobre 1895

653

Longueur 30 c/m. Bateaux de plaisance mécaniques, vernissage élégant, mécanisme solide, 2 salons, avec jour d'en haut, matelot, roue de gouvernail, tendelet, mât

| | | | | |
|---|---|---|---|---|
| Nº 650 | 22 | c/m long | **20** | Frs |
| 651 | 25 | — | **25** | |
| 652 | 28 | — | **32** | |
| 653 | 30 | — | **41** | |

1206

Longueur 27 c/m. Sous-marin, plonge à plusieurs reprises et revient à la surface de l'eau. Modèle élégant forme de poisson, 1 tube lance-torpilles, 1 tourelle, pavillon et gouvernail

| | | | | |
|---|---|---|---|---|
| Nº 1205 | 22 | c/m long | **13** | Frs |
| 1206 | 27 | — | **20** | |
| 1207 | 30 | — | **29** | |
| 1208 | 34 | — | **37** | |

Bateaux mécaniques de plaisance avec voyageurs mobiles

Longueur 21 c/m .............. **18** Frs

1807

Canot mécanique avec rameurs mobiles actionnant les avirons

Longueur 33 c/m .................. **29** Frs

700

**1894-1895. Catalogues du Printemps.**

*Chaque année la première page du catalogue proposait les nouveaux « Bébés-Printemps », fabriqués spécialement pour l'enseigne dans l'usine modèle d'Émile Jumeau à Montreuil.*

qu'un train fou entra à la gare Montparnasse – la locomotive creva le mur, ressortit toute fumante et tomba, le nez en avant, sur la place de Rennes ! On peut dire que le danger du train dans la vie – avec de multiples cas de déraillements partout commentés – était probablement un élément qui ajoutait à la fascination qu'il provoquait chez les enfants, comme chez les adultes.

Mais il existait, dans les familles à jouets, des traditions déjà solides qui n'incluaient pas encore les machines. Lorsque la comtesse Jean de Pange, née en 1888 (elle avait « l'âge de la tour Eiffel »), se souvient de sa situation de petite fille modèle vers 1895-1896, elle s'attendrit sur un échantillonnage qui marque son appartenance à une catégorie sociale, en même temps que son état de fillette :
« À droite de la porte en entrant, il y avait la haute fenêtre donnant sur le jardin et, au fond, la porte vitrée qui s'ouvrait sur le cabinet de travail. Entre cette porte et la fenêtre se trouvait un grand placard pris dans la boiserie gris perle et plein pour moi de délicieux mystères. C'était l'armoire aux joujoux. Mes frères et ma sœur avaient, comme moi, passé des heures entières devant cette armoire, et les jouets de chaque âge plus ou moins cassés et d'autant plus précieux s'y accumulaient comme des dépôts géologiques. Il y en avait de très anciens qui devaient venir de ma mère… de ma grand-mère peut-être, car toutes deux avaient grandi dans cette même maison. Ils étaient tous là, soigneusement rangés. Sur les planches les plus hautes se trouvaient les polichinelles, les pantins articulés avec des cordons dorés, des poupées habillées de soie à l'ancienne mode, plus bas les bergeries avec moutons et bergères, les petits danseurs de Nuremberg tout bariolés et montés sur crins qui s'agitaient en cadence à la moindre secousse, les minuscules soldats de plomb tout plats, rangés dans des boîtes comme des fruits confits, le village de la Forêt-Noire avec ses petites maisons peintes, les animaux en bois blanc qui portaient tous des essais de peintures. Il y avait les boîtes de cubes et de constructions, les crayons de couleur, les albums à peindre, les boîtes d'aquarelle, les découpages, sans parler des dominos, des jeux de cartes et des "casse-tête" » (*Comment j'ai vu 1900*, comtesse Jean de Pange, éditions Bernard Grasset, 1962, p. 57-58).

# Bébé-Printemps

*Incassable*

TÊTE BISCUIT

entièrement articulé

| Numéros de fabrication. . | 6/0 | 5/0 | 4/0 | 3/0 | 2/0 | 0 | 1 | 2 | 3 | 4 | 5 |
|---|---|---|---|---|---|---|---|---|---|---|---|
| Hauteur, nu . . . . . . . | 0m,27 | 0m,31 | 0m,33 | 0m,36 | 0m,39 | 0m,43 | 0m,48 | 0m,55 | 0m,60 | 0m,70 | 0m,80 |
| Avec Chemise plissée, non chaussé | 3.50 | 4.50 | 5.50 | 6.90 | 8.50 | 9.50 | 12.50 | 17.50 | 21.50 | 30. » | 42. » |
| Chemise soie couleurs, chaussé | 4.50 | 5.50 | 6.50 | 8.50 | 9.50 | 11.50 | 13.50 | 18.50 | 24.50 | 34.50 | 50. » |
| Avec Chemise soie couleurs, chaussé, parlant et avec dents . . . . . . | | | | | | 18.50 | 19.50 | 25.50 | 29.50 | » | » |

**1894-1895. Catalogue du Printemps.** *Une fillette peut passer des heures à converser avec sa poupée.*

**1900. Catalogue des Nouvelles Galeries.**

*En ce début de XXe siècle, ce n'est pas encore le Père Noël qui dépose les jouets dans la cheminée.*

**1900. Catalogue du Louvre.**

*Cette couverture, signée Léon Sabattier, fait allusion au soulèvement des Chinois contre les constructeurs d'une ligne de chemin de fer dans les environs de Pékin.*

# LA GLOIRE DES GRANDS MAGASINS

## Période 1900-1914

C'est le 1er janvier 1900 que l'Observatoire de Paris inventa la journée découpée en vingt-quatre heures – et non plus deux fois douze heures. Il décida que ce compte du temps prendrait effet à partir du 1er janvier 1901, considéré par les astronomes comme le premier jour du XXe siècle ! En fait, la mise en pratique n'eut lieu qu'une douzaine d'années plus tard.

À part cette remise des pendules à l'heure, l'année 1900 fut entièrement dominée par la grande Exposition universelle, inaugurée le 14 avril et clôturée le 12 novembre. Elle avait accueilli plus de 50 millions de visiteurs, soit deux fois la population de la France à l'époque. C'était l'ouverture sur le monde, avec les pavillons représentant des nations venues des quatre coins de la Terre.

La page de couverture du catalogue des Grands Magasins du Louvre imprimé à la fin de 1900 (pour les étrennes 1901), composée par le dessinateur-reporter Léon Sabattier, montre un Chinois fuyant, la natte au vent, poursuivi par un cuirassier à cheval qui brandit son épée. Le cheval est à bascule, et c'est une troupe d'enfants guerriers qui est lancée aux trousses de l'Asiatique. D'une boîte posée sur le sol débordent des figurines de Chinois terrassés par le mépris, sur lesquels s'étend gaiement le mot *Étrennes*.

C'est qu'à la fin du mois de mai 1900, au moment de l'inauguration officielle du pavillon chinois à l'Exposition, un soulèvement s'était produit en Chine contre les constructeurs d'une ligne de chemin de fer dans les environs de Pékin. Une organisation secrète, les « Donneurs de coups de poing du patriotisme et de la paix », avait résolu de passer à l'attaque contre les étrangers, ces modernisateurs diaboliques avec leur voie ferrée. Le rétablissement de l'ordre avait été mené tout au long de l'été par une coalition de détachements militaires de France, d'Allemagne, de Russie,

**1902. Catalogue du Bon Marché**. *Le pierrot est une figure importante de l'imaginaire au début du XX^e^ siècle.*

**1900. Catalogue des Nouvelles Galeries.**

*Les petits garçons devront choisir leur grade, simple zouave ou lieutenant.*

d'Angleterre, d'Italie, des États-Unis et du Japon – pas moins. Cette répression abondamment racontée dans la presse – le succès des armes est toujours une cerise sur un gâteau – amusa fort l'opinion publique. Le reflet de cette « croisade moderne » vient agiter le monde de l'enfance au moment des étrennes de ce siècle naissant.

Dans ce même catalogue apparaît ce qui est probablement l'une des premières autos au monde proposées à titre de jouet. La « voiture automobile, mécanique, roues caoutchoutées » est offerte en deux dimensions : 26 et 85 centimètres de longueur. La plus grande vaut 22,50 francs ; il s'agit d'une voiturette de type « tonneau », dont la structure est encore héritée directement de la voiture à cheval ordinaire, avec deux grandes roues à l'arrière et deux petites roues pivotantes à l'avant qui assurent la direction. Ces roues directrices sont mues mécaniquement par un volant horizontal à poignée, situé à droite de la carrosserie découverte comme celle d'un char à bancs.

Il est intéressant de voir que l'auto, qui a radicalement transformé les sociétés contemporaines au XXe siècle, survient symboliquement dans ce premier catalogue de jouets. Mais l'automobile – d'abord masculin : on disait *un* automobile encore en 1900 – était déjà l'objet d'une attention soutenue de la part d'un petit groupe de riches aventuriers et de constructeurs aux exploits évidemment relayés par la presse. Il y avait eu en juillet 1894, à Paris, un « concours de voitures mécaniques, ou voitures sans chevaux » organisé par *Le Petit Journal*. Les véhicules construits par des gens comme MM. de Dion et Bouton, Panhard et Levassor, ou encore les frères Peugeot (les trois marques gagnantes du concours) furent soumis à des épreuves sur plus de 100 kilomètres entre Paris et Rouen, à des vitesses d'environ 12 kilomètres à l'heure, ce qui fait rêver… Tout récemment, le 25 juillet 1900, avait eu lieu une course Paris-Toulouse et retour, sur 1 448 kilomètres, organisée par l'Automobile-Club de France à l'occasion de l'Exposition. La vitesse moyenne du vainqueur avait été de 54 kilomètres à l'heure sur une voiture Mors, ce qui permet de juger des énormes progrès accomplis en six ans !…

PARIS. — GRANDS MAGASINS DU LOUVRE. — ÉTRENNES 1901

**TENUE DE TURCOS**, spahis ou zouaves, composée de veste, gilet, pantalon, ceinture et chéchia.

| 3 ans | 4 à 6 | 7 à 9 | 10 à 12 |
|---|---|---|---|
| 11.75 | 12.50 | 13.50 | 14.75 |

**Qualité extra.** 17.» 18.» 20.» 22.»
**Fusil Eureka** genre Lebel, 4 flèches, 1 cible et baïonnette. . 15.75

**POLICHINELLE** satin, galon or et dentelle, tête incassable.

| 0m39 | 0m42 | 0m46 |
|---|---|---|
| 1.25 | 1.75 | 2.40 |

| 0m56 | 0m60 | 0m70 | 0m78 |
|---|---|---|---|
| 3.75 | 5.50 | 7.50 | 9.75 |

**LE CHAT BOTTÉ** passe-boules d'appartement et de jardin, cartonnage, décors fins. Haut. 1m05.
17.75

**TENUE D'OFFICIER** pour toutes les armes, composée de : dolman, pantalon et képi.

| 3 ans | 4 à 6 | 7 à 9 | 10 à 12 |
|---|---|---|---|
| 11.75 | 12 50 | 13.50 | 14.75 |

**Qualité extra** 17.» 18.» 20.» 22.»
1 fr. en plus par grade au-dessus du lieutenant.
**Sabres d'officiers**, dragonne or. Long. 0m61 4.90, 0m68 6.90

**PANOPLIE DE CAPITAINE** épaulettes or fin. 12.25
Lieutenant . . . . 10.75

LES ARMÉES ALLIÉES EN CHINE
**JOLIE BOITE** de soldats et accessoires en plomb, décors fins.

| Pièces | 50 | 66 | 108 | 150 |
|---|---|---|---|---|
| *Prix* | 8.25 | 11.75 | 18.50 | 25.50 |

**PANOPLIE** épaulettes or fin.
Capitaine de cuirassier. 28. »
Lieutenant de cuirassier. 26. »
Soldat avec pistolet. . 14.75
Soldat sans pistolet. 13.75
Soldat sans épaulettes. 11.25

**LANTERNE** magique décorée, avec 12 verres.

| 0m28 | 0m32 | 0m35 | 0m40 | 0m45 |
|---|---|---|---|---|
| 7.90 | 10.50 | 14.75 | 18.75 | 23.» |

MA CAMPAGNE
**JOLIE BOITE** contenant quantité de personnages et accessoires en plomb, décors fins.

| 35 pièces | 45 pièces | 70 pièces | 80 pièces | 90 pièces |
|---|---|---|---|---|
| 10.75 | 14.75 | 19.50 | 25. » | 33. » |

**VOITURE - AUTOMOBILE** tonneau, mécanique, roues caoutchoutées
Longueur 0m26. 16.75
Longueur 0m35. 22.50

Paris.-Imp. PAUL DUPONT

**1900. Catalogue du Louvre**. *Apparition de la première voiture jouet.*

# AU BON MARCHÉ

PARIS — **COMPTOIR DES JOUETS** — PARIS

N° 192. **LES PETITS MARCHEURS**, jolis bébés marchant et tournant la tête, costume en flanelle blanche, **Garçonnet** ou **Fillette**.
*Hauteur* $0^{m}35$ . . 5.25
— $0^{m}42$ . . 9.75

N° 190. **BÉBÉ marcheur**, parlant, envoyant des baisers, yeux vivants à cils, joli costume nouveauté en soie Pompadour.
*Hauteur sans le chapeau* $0^{m}58$.
**25.50**
Avec chemise satin et dentelle.
**19.50**

N° 191. **BÉBÉ marin**, costume lainage, col en piqué.
*Haut.* $0^{m}28$. 1.45
— $0^{m}32$. 1.95
— $0^{m}35$. 2.45
— $0^{m}38$. 3.75
— $0^{m}47$. 4.90

N° 1901. **BÉBÉ Jumeau**, phonographe, riant, parlant, chantant, à volonté.
*Haut.* $0^{m}63$. . . . . . 35 »

N° 193.
**BÉBÉ articulé**, yeux mobiles, costume soie côtelée.
*Haut.* $0^{m}27$. 2.45
— $0^{m}32$. 3.75
— $0^{m}40$. 5.75

N° 194.
**BÉBÉ marcheur**, envoyant des baisers, yeux mobiles, tête fine, bouche à dents, costume en soie brochée, orné de rubans et dentelle.
*Hauteur sans le chapeau* $0^{m}55$.
**12.50**

N° 1902. **BÉBÉ** articulé, tête **lavable** et incassable, yeux mobiles, bouche à dents. $0^{m}35$ **3.90** $0^{m}41$ **5.75** $0^{m}50$ **7.75**

N° 196

N° 196. **BÉBÉ articulé** très léger, tête incassable, bouche à dents, chevelure flottante.
*Hauteur* $0^{m}32$ . . . 1.95
— $0^{m}38$ . . . 2.45
— $0^{m}43$ . . . 2.90
— $0^{m}47$ . . . 3.90

**BÉBÉ du BON MARCHÉ**

N° 1900.

N° 1903. **BÉBÉ** parlant et pleurant, yeux mobiles, bouche à dents, perruque flottante, chemise satin.
*Haut.* $0^{m}57$. **8.75**
**BÉBE** articulé chemise satin et dentelle.
*Haut.* $0^{m}57$. **5.60**

N° 1903.

N° 198.

N° 1904.

N° 1906

N° 197.
**BÉBÉ JUMEAU** chaussé, avec cheveux naturels, complètement articulé, en bois évidé, jolie tête biscuit.

**BÉBÉ** marcheur, yeux mobiles, chemise soie et dentelle, jolie perruque flottante.
$0^{m}42$ . . . 7.90
$0^{m}48$ . . . 10.75
$0^{m}56$ . . . 15.50

N° 199. **BÉBÉ articulé**, yeux mobiles à cils, bouche à dents, costume riche en soie à jour.
$0^{m}28$ 5.90 $0^{m}39$ 10.75
$0^{m}30$ 7.25 $0^{m}43$ 13.75
$0^{m}35$ 9.75 $0^{m}46$ 16.50

N° 1900. **BÉBÉ du Bon Marché**, complètement articulé, costume soie.
*Haut. sans le chapeau.*
$0^{m}38$ 17.50 $0^{m}53$ 37 »
$0^{m}41$ 21 » $0^{m}58$ 42 »
$0^{m}45$ 25 » $0^{m}63$ 49 »
$0^{m}49$ 31 » $0^{m}68$ 62 »

**BÉBÉ mulâtre**, costume nourrice en soie.
*Haut.*
$0^{m}28$. 6.50
$0^{m}35$. 8.50
$0^{m}41$. 10.75

N° 1905. **BÉBÉ** articulé, costume soie rayée.
*Haut.*
$0^{m}29$. 1.25
$0^{m}33$. 1.90

**BÉBÉ du Bon Marché**, complètement articulé et chaussé, de fabrication supérieure, tête fine en biscuit, jolie chevelure flottante. *Propriété exclusive du « Bon Marché ».*

| 5 | 6 | 7 | 8 | 9 | 10 | 11 | 12 |
|---|---|---|---|---|---|---|---|
| $0^{m}33$ | $0^{m}41$ | $0^{m}45$ | $0^{m}49$ | $0^{m}53$ | $0^{m}58$ | $0^{m}63$ | $0^{m}68$ |
| 7.50 | 8.50 | 10.50 | 12.50 | 15.50 | 18.50 | 22 » | 27 » |

Le même, parlant, bouche à dents, yeux mouvants.

| 5 | 6 | 7 | 8 | 9 | 10 | 11 | 12 |
|---|---|---|---|---|---|---|---|
| | | 13.50 | 16.50 | 19.50 | 22 » | 27 » | 32 » |

| 1 | 2 | 3 | 4 | 5 | 6 | 7 | 8 | 9 | 10 | 11 | 12 |
|---|---|---|---|---|---|---|---|---|---|---|---|
| $0^{m}26$ | $0^{m}28$ | $0^{m}31$ | $0^{m}35$ | $0^{m}37$ | $0^{m}41$ | $0^{m}45$ | $0^{m}49$ | $0^{m}53$ | $0^{m}58$ | $0^{m}63$ | $0^{m}68$ |
| 2.45 | 3.25 | 4.25 | 5.25 | 6.25 | 7.25 | 8.25 | 9.75 | 11.50 | 14.50 | 17.50 | 21 » |

Le même, parlant, bouche à dents, yeux mouvants.

| 1 | 2 | 3 | 4 | 5 | 6 | 7 | 8 | 9 | 10 | 11 | 12 |
|---|---|---|---|---|---|---|---|---|---|---|---|
| » | » | » | » | » | » | 11.50 | 13.50 | 16 » | 19 » | 22.50 | 26 » |

**1901. Catalogue du Bon Marché.** *En page 1 du catalogue, le « Bébé du Bon Marché » existe en douze tailles différentes.*

Il était grand temps que les enfants fussent inclus dans cette superbe marche du Progrès ! À cela près, la page est occupée par quatre tenues et panoplies militaires – ce qui n'est pas non plus dépourvu d'un fort symbolisme – avec une « jolie boîte de soldats et accessoires en plomb » représentant les armées alliées en Chine. Un polichinelle, un chat botté en jeu de passe-boule et une lanterne magique complètent la présentation, auxquels il faut ajouter – pour le rêve pacifique et champêtre des petites filles, je suppose – une « jolie boîte » avec personnages de plomb, intitulée *Ma campagne*. Cette même année 1901, année charnière qui vit la création du premier Concours Lépine, destiné à l'origine à stimuler les inventeurs de jouets, le Bon Marché proposait une collection de grandes poupées perfectionnées – filles des « Bébés Jumeau » – comme par exemple ce « Bébé marcheur, envoyant des baisers, yeux mobiles, tête fine, bouche à dents, costume en soie brochée, orné de rubans et dentelles. Hauteur sans le chapeau 55 centimètres », à un prix infiniment plus abordable qu'il y a vingt-cinq ans : 12,50 francs. On remarque également, dans la mouvance moderniste, deux boîtes de cinématographe, une de « Téléphone domestique », et une destinée aux « expériences électriques ». Il est vrai que les enfants joueurs qui prendront goût à ces boîtes auront toutes les chances de faire partie de l'armée des ingénieurs et techniciens qui pousseront le siècle vers ses somptueux accomplissements.

Cependant la surprise ne vient pas de deux phonographes à « cylindres enregistrés » – pavillon courbe nickelé –, l'un de « fabrication supérieure » à 47 francs, l'autre « modèle de luxe » à 125 francs, elle vient semble-t-il de l'apparition d'une bicyclette (à 140 francs) destinée aux enfants de six à dix ans, munie de « cadre tube d'acier, selle ajustable, frein, guidon, pédales nickelées, pneumatique 1er choix ».

Un changement discret, promis au plus bel avenir, se produisit à la fin de 1905. Était-ce une conséquence secondaire de la séparation de l'Église et de l'État qui sécularisait un peu plus le réveillon de Noël, rendant soudain à Bacchus ce qui appartenait à la Vierge Marie ? On assiste à la montée, timide encore, mais déjà événementielle, d'un Noël mondain… La nuit du 24 au 25 décembre eut lieu à l'Opéra un bal de société dit « des Sabots de Noël ». Le corps de ballet sortit d'une immense cheminée dressée au fond du grand salon, et dansa *La Sabotière*. Après quoi les spectatrices furent conviées à passer sous la cheminée pour y choisir un des innombrables sabots rangés sur des étagères et qui contenaient chacun un cadeau ! Le rite séculaire changeait de face… Mais cette année-là justement une évocation du Bonhomme Noël fait son apparition sur la

**1908. Catalogue du Printemps.**

**1906. Catalogue des Galeries Lafayette.**

*Deux apparitions majeures : un ours en peluche et un Bonhomme Noël, par encore « Père Noël » mais déjà avec sa barbe blanche !*

**1906. Catalogue de la maison G. Lenoble.**

*Outre des chiens, des chameaux et des vaches, ce catalogue proposait tous les animaux de la basse-cour ainsi qu'une girafe, mais pas d'ours.*

**1906. Catalogue de la maison G. Lenoble.**

*Cette fabrique d'animaux en peau véritable, créée en 1899, restera en activité jusqu'en 1930. Elle reçut huit médailles lors d'expositions entre 1900 et 1910.*

couverture du catalogue de jouets des Galeries Lafayette. Une vaste barbe blanche s'étale sur sa poitrine, il porte une couronne de houx, c'est bien lui qui surgit, l'œil vaguement rieur. Le personnage aura, on peut le dire, du pain sur la planche ! Son importance dans la société européenne, son influence ne cesseront de grandir ; au point que parmi les différentes définitions que l'on pourrait donner du XXe siècle il y aurait aussi que ce fut – et cela à de nombreux égards – le siècle du Père Noël.

Au mois de décembre 1908 à partir du lundi 7, dans sa présentation des jouets pour 1909 – encore que le mot « étrennes » ne soit pas indiqué, ce qui à l'évidence laisse planer l'ambiguïté vis-à-vis de Noël –, le Printemps propose, sur sa couverture signée René Vincent, une nouveauté d'une portée colossale : un ours en peluche !

La chose vaut qu'on s'y arrête. Bien sûr il ne s'agit pas encore du « nounours », douce bête à berceau, mais d'une figuration réaliste de l'animal brun, celui des foires, au long museau et aux courtes oreilles rondes, au corps élancé, avec à son côté un ourson gris. C'est qu'en effet, de 1907 à 1909, pendant que les Français exportaient en Angleterre la passion du diabolo, a lieu chez nous la révélation de l'ours en peluche sorti pour lors des usines à jouets allemandes.

La tradition veut que l'ours miniature soit né aux États-Unis en 1902 : à la suite d'une partie de chasse malheureuse au cours de laquelle le président Theodore Roosevelt, dit Teddy, demeurait bredouille, des farceurs lui proposèrent de tirer un ourson attaché à un arbre. L'anecdote, parue dans le *Washington Post*, inspira Morris Michtom qui créa le premier *Teddy bear*. Un autre récit indique que Margarete Steiff, fondatrice de la marque de jouets en peluche Steiff, réalisa le premier ours en 1903 et l'exposa cette année-là à la foire de Leipzig. Toujours est-il qu'entre 1907 et 1909 l'Allemagne produisait plusieurs millions d'ours en peluche dont une grande quantité était importée en France.

La même année 1908, le catalogue de la Samaritaine est confié au célèbre Adolphe Willette, dit Pierrot, le décorateur du cabaret *Le Chat Noir* dans les années 1880, auteur de l'enseigne fameuse au croissant de lune reproduite partout, poète et inventeur d'histoires. En 1908 la « conquête de l'air » bat son plein – on perfectionnait les aéroplanes, et les dirigeables étaient l'objet des soins les plus attentifs et des commentaires les plus passionnés. Il y avait eu, au mois de juin, le lancement de la *République*, un magnifique vaisseau de l'air de 61 mètres de long, au nez pointu comme celui d'un requin dont il arborait la forme générale. À la même date le comte Zeppelin avait lancé, au-dessus du lac de Constance, son dirigeable concurrent du nôtre, un monstre de 142 mètres de long, qui était son quatrième vaisseau… L'appareil devait s'écraser au sol le 5 août suivant, près de Stuttgart ; on en fit des gorges chaudes !

4

## CHAMEAU

| N$^{os}$ .. | 3 | 4 | 5 | 6 | 7 | 8 | 9 | 10 |
|---|---|---|---|---|---|---|---|---|
| Haut. | $42^{c}$ | $47^{c}$ | $55^{c}$ | $60^{c}$ | $70^{c}$ | $78^{c}$ | $92^{c}$ | $1^{m}05$ |
| Prix : | | | | | | | | |

## VACHE

Laitière et Beuglante

| N$^{os}$... | 2 | 3 | 4 | 5 | 6 | 7 | 8 | 8 ½ | 9 | 10 |
|---|---|---|---|---|---|---|---|---|---|---|
| Long. | $35^{c}$ | $40^{c}$ | $45^{c}$ | $55^{c}$ | $64^{c}$ | $65^{c}$ | $80^{c}$ | $87^{c}$ | $96^{c}$ | $108^{c}$ |
| Haut. | $20^{c}$ | $25^{c}$ | $27^{c}$ | $37^{c}$ | $41^{c}$ | $42^{c}$ | $50^{c}$ | $54^{c}$ | $70^{c}$ | $78^{c}$ |
| Prix : | | | | | | | | | | |

6

## CHIEN BULL-DOGUE

| N$^{os}$... | 1 | 2 | 3 | 4 |
|---|---|---|---|---|
| Long. | $30^{c}$ | $34^{c}$ | $38^{c}$ | $47^{c}$ |
| Haut. | $24^{c}$ | $28^{c}$ | $42^{c}$ | $37^{c}$ |
| Prix : | | | | |

## CHIEN DE CHASSE

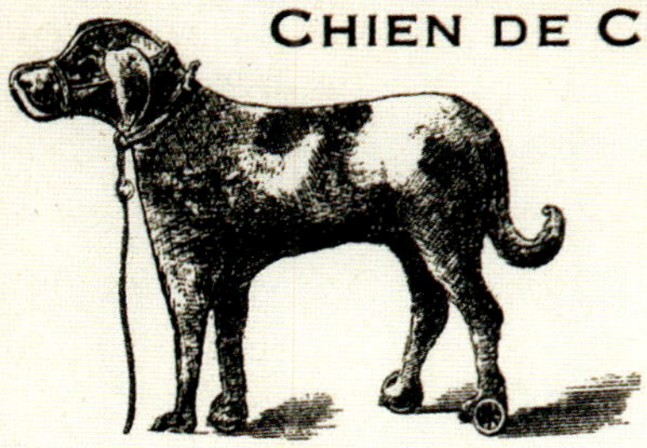

| N$^{os}$... | 0 | 1 | 2 | 3 | 4 | 5 | 6 | 7 |
|---|---|---|---|---|---|---|---|---|
| Long. | $27^{c}$ | $30^{c}$ | $46^{c}$ | $51^{c}$ | $58^{c}$ | $65^{c}$ | $75^{c}$ | $85^{c}$ |
| Prix. | | | | | | | | |

## CHIEN FOX TERRIER

| N$^{os}$ .. | 2 | 3 |
|---|---|---|
| Longueur.. | $33^{c}$ | $47^{c}$ |
| Hauteur.. | $29^{c}$ | $39^{c}$ |
| Prix ..... | | |

## CHIEN BASSET

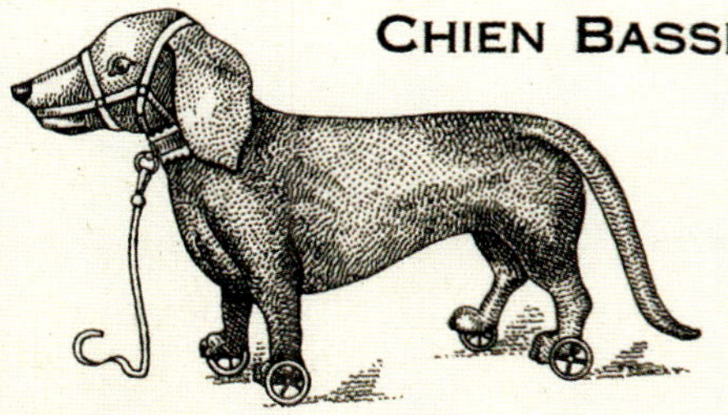

| N$^{os}$ ....... | 0 | 1 | 2 |
|---|---|---|---|
| Longueur. | $33^{c}$ | $38^{c}$ | $50^{c}$ |
| Prix ..... | | | |

**1909. Catalogue des Galeries Lafayette**.

**1908. Catalogue de la Samaritaine. Illustration d'Adolphe Willette.**

*Le monde bouge, la conquête de l'air bat son plein. Dirigeables, zeppelins, aéroplanes font leur apparition sur les couvertures des catalogues des grands magasins.*

Puisque les Français planaient, Pierrot s'était amusé à ne figurer que des objets volants – un dirigeable tout en haut de l'image portait l'inscription *À la Samaritaine*; au-dessous un énorme polichinelle ailé découpait à la faux – quelle bizarre image de la Mort! – un œuf à la coque posé sur un nuage d'où jaillissait une fillette nue à la tignasse rousse, dont la pudeur s'abritait derrière un buisson de houx fleuri de boules rouges. Le dessinateur plaisantin avait placé un coq triomphant derrière l'œuf (œuf « à la coque » !) et représenté une oie en vol. L'oie ? – Oui, bien avant la dinde, le symbole de plus en plus réel des agapes de Noël ; le réveillon tournait en ripailles et faisait fuir l'oie inquiète qui, comme dit un poète, avait la chair de poule !…

La conquête de l'air connut un tournant durant l'année 1909, avec la création du premier Salon de l'aéronautique, fin septembre, au Grand Palais, à Paris. L'été avait été mouvementé : d'abord, le 25 juillet au matin, Blériot traversa la Manche sur son monoplan, entre Sangatte et Douvres. Cet exploit lui valut un véritable triomphe, qui ne s'est jamais tout à fait assoupi : « Pour la première fois un homme, conduisant un oiseau de toile, de bois, d'acier, qui vomissait le feu, véritable dragon des légendes effarées d'autrefois, a traversé la mer, et, quittant un continent, prit terre sur l'autre par le chemin des airs à demi domptés ! » La presse écrivait cela…

Le catalogue surabondant et joyeusement tumultueux des Galeries Lafayette de 1909, « pendant tout le mois de décembre », porte comme un écho de ces événements avec une flottille d'aéronefs et de biplans. Mais dans le capharnaüm de sa couverture plusieurs éléments évoquent d'autres signes des temps. D'abord un autobus à impériale occupe le centre de l'image – les premiers autobus avaient été mis en service à Paris au mois de décembre 1905 ; ce moyen de transport en commun est effectivement en train de prendre une place prépondérante dans la capitale où le dernier omnibus à chevaux disparaîtra fin 1912. D'autre part apparaît la première représentation – que je connaisse – d'un sapin de Noël chargé de jouets.

Cette intrusion de Noël dans la fête des étrennes semble significative, dans la mesure où elle élargit l'époque de diffusion des jouets. D'ailleurs, contrairement aux habitudes qui voulaient que le

**1908. Catalogue de la Samaritaine.** *Réalisé par Adolphe Willette, le décorateur de l'ex-cabaret du* Chat Noir.

**1907. Catalogue des Jouets de Caran d'Ache.**

*Devant le succès de ses ombres, l'illustrateur eut l'idée d'en faire des jouets qu'il présenta au Salon des humoristes en 1907. « C'est un jouet… et en même temps une œuvre d'art », dit la réclame.*

catalogue portât la date des étrennes au 1er janvier de l'année suivante, celui des Galeries Lafayette insistait sur le mois des cadeaux, sans préciser la date. Deux ans auparavant, il indiquait « Décembre 1907 » sans que le mot « étrennes » apparût. Au premier plan de la gravure (non signée mais de facture semblable à celle de 1907 – toutes deux offrant le même « diable sortant de sa boîte », un objet vieux comme l'enfer) se pavanent trois personnages qui dansent en tête d'un cortège de poupées ; à savoir, une poupée à belle robe, un polichinelle à chapeau d'Arlequin, et, déguisé en Pierrot… un ours brun ! La tête de l'animal réalistement dessiné, riant à gueule ouverte, paraîtrait plutôt menaçante comme celle d'un ours de foire, s'il n'était l'ambiance festive générale. Ours certes, nounours, pas encore !

On remarque en bas et à droite de l'image un agent de police qui règle la circulation avec son bâton blanc… Déjà ? – Comme le temps passe, et comme les fiacres trottinants disparaissent vite ! Le petit bâton de l'autorité citadine, rendu nécessaire par la réglementation de la circulation des autos, a été inventé par l'astucieux préfet Lépine en 1901.

En cette année 1909 l'Anglais Ernest Shackleton revint de son expédition dans l'Antarctique, les journaux abondèrent en récits enthousiastes et détaillés… Par ailleurs l'explorateur américain Robert Peary arrivait au pôle Nord le 6 avril 1909 ! Mais, surprise ! Le docteur Frederick Cook rentrant à Copenhague prétendait lui aussi avoir visité le pôle, l'année précédente. Cet exploit fut contesté ; on accusa Cook d'avoir cuisiné bizarrement son pôle – une querelle que la maison Boucicaut agrippa par la fourrure au mois de décembre : son catalogue présentait un dessin amusant, avec deux ours blancs, des chiens de traîneau, et l'explorateur disant : « Ce que j'ai découvert au pôle Nord ! » – il montre un grand panneau réclame du Bon Marché solidement planté dans les glaces.

En 1910 la bicyclette semble s'être suffisamment ennoblie pour faire partie des objets proposés par le Printemps. Partie de sa condition plébéienne, la « petite reine » atteint maintenant la notabilité bourgeoise ; en somme une démocratisation à l'envers. La bicyclette porte du reste la marque

7

MAERKLIN FRÈRES & Cie, 416, RUE SAINT-HONORÉ, PARIS

**CHEMINS DE FER ÉLECTRIQUES**

**GRANDE FORCE DE TRACTION** **SANS AUCUN DANGER**

**Chemins de Fer électriques,** pour hautes tensions de 110 à 250 volts, fonctionnant aussi bien sur courant alternatif que sur courant continu. — **Chemins de fer électriques,** pour Accumulateurs de 4 volts.

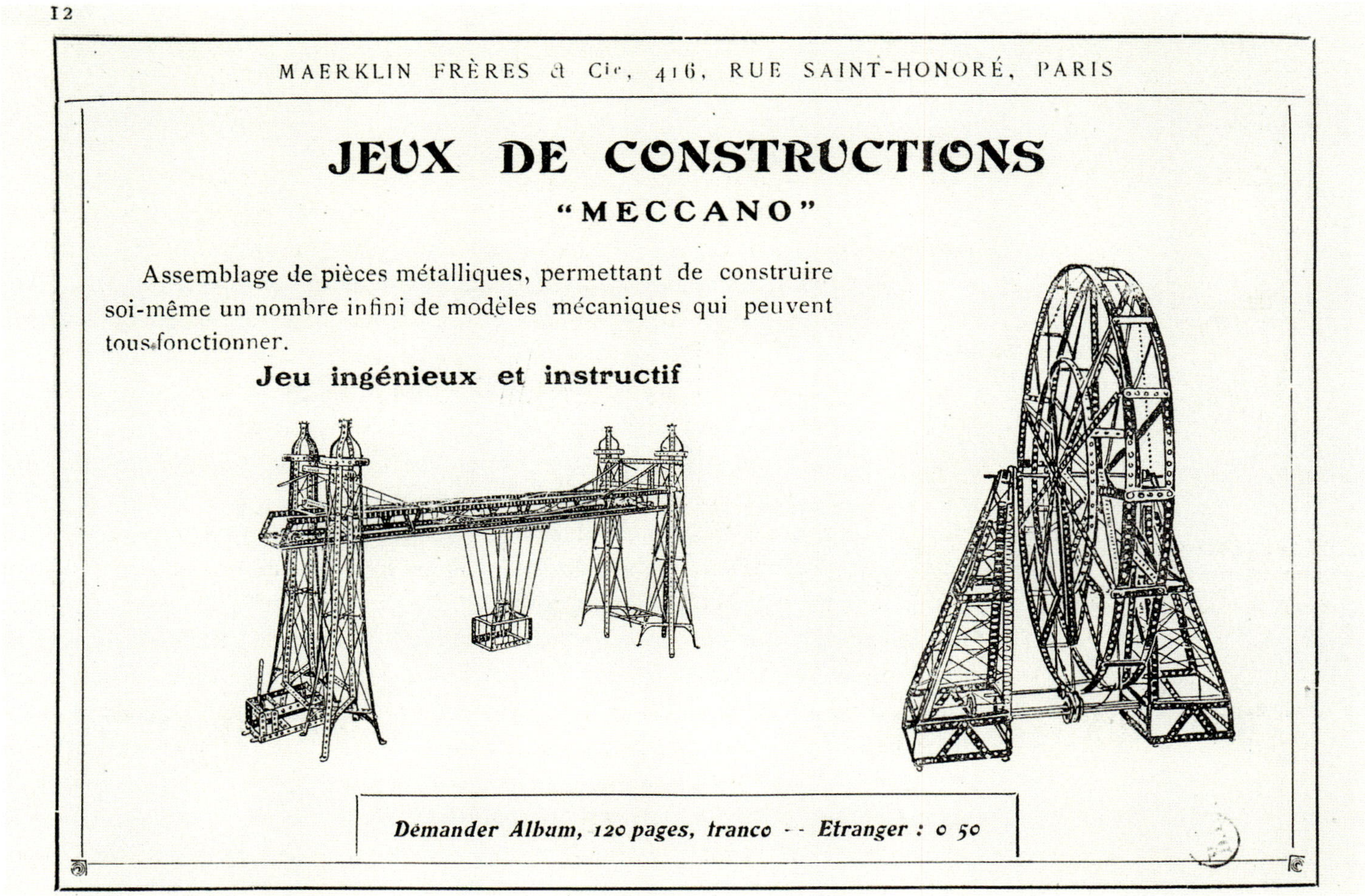

12

MAERKLIN FRÈRES & Cie, 416, RUE SAINT-HONORÉ, PARIS

**JEUX DE CONSTRUCTIONS**

**"MECCANO"**

Assemblage de pièces métalliques, permettant de construire soi-même un nombre infini de modèles mécaniques qui peuvent tous fonctionner.

**Jeu ingénieux et instructif**

***Demander Album, 120 pages, franco - - Etranger : 0 50***

**1910. Catalogue Maerklin Frères.** *Avant la création de Meccano France, le célèbre jeu était produit et distribué par la marque allemande Maerklin.*

**1910. Catalogue du Printemps.**

**1910. Catalogue du Bon Marché.**

*Peary et Cook se disputèrent, en 1909, la découverte du pôle Nord, mais l'année suivante, c'est le Bon Marché qui s'installa dans l'Arctique pour les étrennes.*

« Printemps » ; elle est pour « garçonnets ou fillettes » – on ne différencie pas encore le cadre à barre droite unisexe ; elle est équipée de « pneus Oxford », et coûte 89 francs, ce qui est de très loin l'article le plus cher de la collection de cette année-là. Le prix des jouets du catalogue tourne autour d'une moyenne de 5 à 6 francs – mis à part la bicyclette, et, remarquable avancée également, une automobile à pédales « pour enfants de six à dix ans, intérieur capitonné, direction à volant, frein, trompe, manivelle à crécelle, roues caoutchoutées. *Article riche* », qui vaut 67 francs. La couverture du catalogue, dessinée par René Vincent de manière très sobre, appelle une remarque. L'élargissement de la période des présents se devine à un mot ajouté à la présentation : *Jouets Étrennes 1911. Cadeaux*. Bien que laconique, ce « cadeaux » est chargé de sens : il ne s'agit plus des seules étrennes du Premier de l'an, mais aussi des cadeaux, généralement parlant, « de Noël » !
Ce qui paraît surprenant aujourd'hui c'est la rareté des armes à feu proposées aux enfants. À part un petit canon miniature par-ci par-là, rien qui sème la mort. On note cependant sur le catalogue du Bon Marché pour 1912 (donc en 1911) un revolver d'ordonnance à six flèches et à 5,90 francs.

Une étape décisive semble franchie en 1912 pour ce qui est – et sera ! – le monde du jouet de Noël, et de son représentant neigeux, le Bonhomme Noël, dont l'avenir, je l'ai dit, allait être immense au XXe siècle. Le catalogue de la Samaritaine est clair à ce sujet sous le pinceau de Henri Mirande à qui la couverture a été confiée. Il s'agit de l'arrivée humblement triomphale du Bonhomme, juché sur un âne biblique, affublé d'une barbe blanche patriarcale et porteur d'une hotte gigantesque débordante à la mesure de ses projets de grande distribution. (On ne l'appelle pas encore « Père » qui est d'un registre trop familier comme le père Fouettard ou le père Machin.) Simplement son manteau capuchonné est bleu comme l'azur, pas encore rouge écarlate comme sera l'habit du futur marchand de rêve… Deux petits ramoneurs tout englués de suie ouvrent le cortège, armés de tuyaux de poêle et du hérisson qu'exige la pratique du ramonage des cheminées. Le Bonhomme, afin que l'équation soit complète, est suivi d'une automobile sur laquelle trône un sapin de Noël, décidément grandi au rang de symbole. La foule des badauds est contenue par deux agents en miniature aux bras en croix, une attitude nouvellement adaptée aux véhicules à moteur. On n'arrêtait pas ainsi, naguère, les chevaux et les ânes… Le mot « étrennes » apparaît encore, ainsi que la date de cette distribution, 1913, mais le glissement vers le remplissage des sabots est plus qu'amorcé… Tant l'on a crié « Noël » qu'à la fin il est venu !

8 — Au Printemps Paris

17148. **Mouton bêlant,** enrubanné, peau naturelle 1er choix. Hauteurs :

| | | | | |
|---|---|---|---|---|
| 0m,24 | 0m,29 | 0m,33 | 0m,43 | 0m,50 |
| 1.30 | 2.25 | 2.85 | 3.90 | 5.50 |
| 0m,54 | 0m,60 | 0m,68 | 0m,78 | 0m,85 |
| 6.90 | 7.90 | 10.50 | 14.50 | 19.50 |

17149. **Train de luxe mécanique** sur rails, locomotive avec arrêt et départ automatiques, voie transformable, disques, signaux et accessoires.

| Nos | 1 | 2 | 3 | 4 |
|---|---|---|---|---|
| Prix | 15.50 | 18.75 | 23.50 | 31. » |

17150. *" Orient-Express ".* **Chemin de fer mécanique** sur rails, avec abri, signaux et accessoires.

| Nos | 1 | 2 | 3 |
|---|---|---|---|
| Prix | 7.50 | 9.90 | 11.75 |

17152. **Ane brayant,** peau naturelle, selle et harnachement cuir.

| Haut. | 0m,22 | 0m,28 | 0m,34 | 0m,41 |
|---|---|---|---|---|
| Prix | 1.35 | 2.20 | 3.25 | 4.90 |
| | 0m,46 | 0m,53 | 0m,61 | 0m,70 | 0m,80 |
| | 5.90 | 7.90 | 10.50 | 13.50 | 16.75 |

17151. **Chemin de fer** sur rails, train complet, locomotive sifflant en marchant, sans disque ni signaux . . . . . . . **5.50**

17153. **Landau de poupée,** caisse bois, intérieur capitonné, capote reversible, brancards nickelés, poignée céramique triple.

| Long. de la caisse | 0m,43 | 0m,47 | 0m,56 |
|---|---|---|---|
| *Prix* . . . . . . | 9.50 | 11.75 | 14.75 |

17071. **Grande Revue Militaire,** soldats, chevaux, canons et accessoires plomb massif.

| Pièces . . | 28 | 35 | 54 | 74 |
|---|---|---|---|---|
| *Prix* . . . | 4.50 | 6.75 | 9.75 | 13.50 |

17154. **Charrette de poupée,** vannerie fine, siège capitonné, brancards mobiles, poignée céramique, roues fer. Hauteur 0m,64 **6.50**
*La même,* avec parasol. *Prix* . . . . **9.50**

17155. **Farandole champêtre,** danse sur tambourin, avec maillets et 6 sujets habillage drap. Diamètre 0m,24. **3.90**

17048. *" Nouveauté ".* **Chaise de poupée,** hêtre verni façon bambou, siège canné, se transformant en fauteuil roulant. Haut. 0m,57. **5.90**
Hauteur 0m,68 . . . . . . . . . . . . . . **6.90**

17156. **Bicyclettes** *" Printemps ",* pour garçonnets ou fillettes, cadre de 0m,40 ou 0m,45, émail noir, frein Nippon, sacoche garnie, pneus Oxford *(fabrication garantie)* . **89. »**

17157. **Charrette Suisse** hêtre verni, roues charronnées bois, cerclees fer. Long. sans la flèche 0m,65. **5.90**

17158. **Courrier** guides cuir jaune, 16 grelots avec fouet. **4.90**

17159. **Automobile,** bois peint, pour enfants de 6 à 10 ans, intérieur capitonné, direction à volant, frein, trompe, manivelle à crécelle, roues caoutchoutées. *Article riche.* **67. »**
Modèle simplifié, pour enfants de 3 à 6 ans, sans frein ni manivelle. **41. »**

17160. **Cheval bascule,** bois massif, peint et verni, harnais cuir, se transformant en cheval roulant.

| Haut. totales. | 0m,60 | 0m,65 | 0m,75 |
|---|---|---|---|
| *Prix* . . . . | 12.90 | 15.75 | 18.50 |

17161. **Cheval militaire** sellé, cartonnage, sur plateau à roulettes, peinture fine.

| Haut. totales. | 0m,45 | 0m,50 | 0m,58 | 0m,68 |
|---|---|---|---|---|
| *Prix* . . . | 2.90 | 3.90 | 4.90 | 7.50 |

17162. **Tricycle à chaîne,** pour enfants, selle réglable, roues fer. *(Article très soigné).*

| Pour. . . . . . | 3 à 5 ans | 5 à 7 ans | 7 à 10 ans |
|---|---|---|---|
| *Prix* . . . . . . | 14.25 | 16.50 | 18.50 |

Avec roues caoutchoutées **5. »** supplément.

17163. **Bicyclette pour garçonnets** en tubes d'acier, selle ajustable, guidon et pédales nickelés, roues caoutchoutées. *(Article très soigné).*
Roues de 0m,45. **29. »** | Roues de 0m,50. . **32. »**

17164. **Cheval mécanique,** collier grelottière, roues fer, jambes indétachables.

| Pour ans . . | 3 | 4 | 5 | 6 | 7 | 8 |
|---|---|---|---|---|---|---|
| Peint. . . . | 12.25 | 14.50 | 16.50 | 19.50 | 22.50 | 25.50 |
| Peau. . . . | 20.50 | 22.50 | 25.50 | 28.75 | 33. » | 38. » |

**1910. Catalogue du Printemps.** *La bicyclette s'est ennoblie et fait partie des jouets.*

**1911. Catalogue du Bon Marché.** *Parmi les nouveautés : l'hippocyclette, chaînon manquant entre le cheval et le vélo.*

GRANDS MAGASINS DE LA SAMARITAINE — PARIS

**NOUVELLE ÉPICERIE**, bois laqué, store mobile, garniture complète, fruits et primeurs.

| Long. | 0$^{m}$47 | 0$^{m}$52 | 0$^{m}$61 |
|---|---|---|---|
| | 8.50 | 10.50 | 13.50 |

« Le Petit Poucet »
**NOUVEAU JEU DE QUILLES** d'appartement, en cartonnage décoré, incassable.
*Dans un carton* . . . . . . . 4.90

**NOUVELLE ÉCOLE** *formant pupitre*, bois verni, maîtresse mouvementée, mécanique et avec musique.

| 0$^{m}$42 7 sujets | 0$^{m}$48 11 sujets |
|---|---|
| 12.50 | 15.75 |

**La même** sans musique et non mécanique. **8.50, 11.75**

**CHEMIN DE FER mécanique**, voie transformable, ovale ou à croisement, locomotive avec régulateur, marche avant, arrière et arrêt, tender, 1 wagon, sémaphore, cloche-signal. . . . . . . . . . 7.75

2 wagons, gare, sémaphore, grue, cloche-signal . . . 10.75
3 wagons, gare, tunnel, grue, sémaphore, cloche-signal, butoir. 13.75
3 wagons, gare, tunnel, gare marchandises, grue, sémaphore, butoir, cloche-signal, guérite, passage à niveau. 16.75

**GUIGNOL** bois laqué, ornements dorés, rideaux et accessoires, 6 personnages.

| Haut. | 0$^{m}$67 | 0$^{m}$78 | 0$^{m}$88 | 0$^{m}$97 | 1$^{m}$12 | 1$^{m}$30 |
|---|---|---|---|---|---|---|
| | 5.90 | 7.25 | 9.25 | 11.25 | 14.25 | 19. » |

**LOCOMOTIVE à vapeur** garniture cuivre, avec tender, modèle perfectionné.
Long. 0$^{m}$20. Ecartement 0$^{m}$035. . . . 9.25
— 0$^{m}$22. — 0$^{m}$048. . **13.50**

« Retour du marché »
**NOUVEAU PASSE-BOULES** *artistique*, richement décoré, fond bois.

| Haut. | 0$^{m}$95 | 1$^{m}$10 |
|---|---|---|
| | 6.90 | 9.50 |

**Rails** pour locomotive, écartement 0$^{m}$035.
*Les 6* . . . . . . **1.95**
Pour locomotive, écartement 0$^{m}$048.
*Les 8*. . . . . . . **3.75**

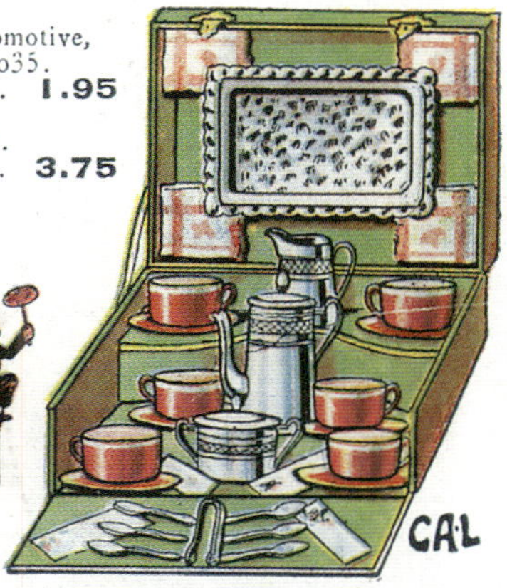

**SERVICE DE TABLE** faïence de Lunéville, grandes pièces, décors artistiques. *Dans un joli coffret.*

| 2 couverts 0$^{m}$36 | 4 couverts 0$^{m}$43 | 6 couverts 0$^{m}$65 |
|---|---|---|
| 12.50 | 19. » | 26. » |

**CIRQUE BARNUM**, personnages et animaux articulés incassables, avec accessoires. *Dans un carton.*

| 0$^{m}$50 | 0$^{m}$59 | 0$^{m}$62 |
|---|---|---|
| 6.50 | 9.50 | 12.50 |

**SERVICE A CAFE**, faïence artistique filet or, plat à gâteaux, cafetière, sucrier et crémier en métal nickelé, plateau martelé.

| 2 tasses | 4 tasses | 6 tasses |
|---|---|---|
| 10.50 | 12.75 | 16.50 |

**1912. Catalogue de la Samaritaine.** *Sur cette page, la nouvelle école avec « maîtresse mouvementée », terme désignant les personnages mécaniques.*

AU LOUVRE — PARIS

LES PLUS RÉCENTES NOUVEAUTÉS

378. « STRUCTATOR » Nouvelle construction mécanique, en métal, simple et facile, modèles fixes ou mobiles

| | |
|---|---|
| 30 modèles 9.50 | 48 modèles 19. » |
| 66 modèles 29. » | 84 modèles 44. » |
| 102 modèles 65. » | 120 modèles 115. » |
| 140 modèles 165. » | 150 modèles 240. » |

379. « LE MECCANO » construction en métal permettant aux enfants la construction de quantité d'objets variés tels que : chariots, grues, ponts, etc.

| | |
|---|---|
| 19 modèles 5. » | 27 modèles 9. » |
| 41 modèles 17. » | 50 modèles 26. » |
| 63 modèles 43. » | 71 modèles 78. » |

En boîte noyer poli.

| | |
|---|---|
| 71 modèles 100. » | 81 modèles 185. » |

3710. BOITE contenant toutes pièces et accessoires pour construire des aéroplanes dont la marche ne laissera rien à désirer.
Nº 1. 1 monoplan 6.25 Nº 2. 1 Pigeon 8.50
Nº 3. 1 Blériot 11.50. Nº 4. 2 monoplans 14.50.
Nº 5. 2 monoplans ou biplans 21. ».
Nº 6. 3 monoplans ou biplans . . . . 35. ».

3711. « EURÉKA BALL-TRAP » Nouvelle cible à double combinaison.
Le tireur adroit recevra, au bout de l'arme, une balle projetée par l'appareil.
Avec pistolet riche, 6 flèches. 7.50
Avec carabine riche, 6 flèches. 8.90
Avec carabine et pistolet riches, 6 flèches. 9.90

3712. RÉSERVÉ « Le Funiculaire » Très beau jouet à double évolution, mouvement automatique et continu, cases numérotées et règle du jeu 0m81 . . . . . . . . . . . 10.75
Jeu simple 0m73 . . . . . . . . . . 6.90

3713. RÉSERVÉ « Le Jeu de la Guerre » Carte coloriée représentant un champ de bataille, cornet, dés, jetons, soldats de plomb et règle du jeu dans une boîte 0m43. . 4.75

3714. « BILLARD le CHASSEUR » bois verni. Nouveau jeu d'adresse pour petits et grands, cases numérotées et billes 0m53. . . 9.25

3715. « PAX » Nouveau jeu du Concours Lépine, très intéressant, pour 2, 3 ou 4 joueurs. 0m33, avec instructions . . . . . . . 8.75

3716. « LE PETIT HORLOGER » Coffret contenant tous les accessoires pour construire, avec facilité, une pendule qui vous donnera l'heure, tel un chronomètre. 0m39. 5.90

AGENDA-LOUVRE 1914 Prix : 45 cent.

HISTOIRE DES JEUX DE SALON ET DE PLEIN AIR

Illustrations en couleurs — Dessins amusants. — Renseignements utiles.

RELIÉ ET CARTONNÉ TRÈS ÉLÉGAMMENT

*Pour le recevoir franco en Province par la Poste, il suffit de nous envoyer :*

Pour 1 Agenda . . . . . . . . . . ».80 Pour 2 Agendas . . . . . . . . . . 1.55

3 Agendas forment un colis postal dont le port est de ».60 en gare et de ».85 à domicile.

*Les Agendas joints à une expédition d'au moins 25 francs sont envoyés franco de port*

La plus grande complaisance est recommandée au personnel.

**1913. Catalogue du Louvre.**

*Le Meccano anglais de Frank Hornby est confronté à son concurrent allemand, le Structator fabriqué par la marque Bing.*

**1913. Catalogue du Louvre.**

*La rencontre du Bonhomme Noël habillé de rouge avec le Petit Chaperon de même couleur.*

En cette même année 1912, le catalogue du Louvre 1913 s'avère d'une étonnante richesse. Passés les bébés et les poupées de diverses tailles, dans une échelle de prix qui va de 3,90 francs à 29,50 francs, les malles et les trousseaux faramineux composés des lingeries qui accompagnent ces chérubins, passées les boîtes de dînettes et de ménage, les boîtes à couture et même une « très bonne machine à coudre pour enfant faisant le point de chaînette » (à 13,50 francs, ce qui paraît donné), on tombe sur un Meccano « comprenant une grande variété de pièces en métal, dessins et instructions permettant aux enfants la construction de chariots, grues, ponts, etc. ». Le modèle le plus cher vaut tout juste 100 francs, ce qui… n'est pas un cadeau, compte tenu qu'il s'agit encore du franc-or !

Mais un bon meccano n'a pas de prix ! On ne saurait trop vanter l'usage du meccano – il joue sans aucun doute, pour l'adolescent qui fait des études (ce qui est aujourd'hui le cas de tous), le rôle d'un petit atelier auquel seuls les fils d'artisans ont accès. Le meccano c'est l'envol vers la vie, du moins pour le garçon, c'est le rêve de fabrication – donc de puissance – qui suivra l'adulte jusque dans son métier. Le meccano est au développement du sens pratique ce que les mathématiques sont à l'abstraction. Les heures passées à inventer des ponts, des grues, des moulins à vent ou des hangars – liste réellement sans limites – représentent un temps extrêmement productif pour la formation du jeune individu.

Les soldats de plomb occupent une page entière du catalogue, à pied et à cheval – mais les armes sont rares, sauf un fusil Euréka doté de six flèches, destiné au « tir aux pigeons ». Les « jouets du jeune âge » comportent des « ours articulés, peluches très fines, criant en les renversant » (un barbarisme lui aussi criant !), allant de 2,75 francs pour 31 centimètres à 7,90 francs pour 50 centimètres – toujours avec un museau allongé de carnivore…

AU LOUVRE — PARIS 1

## Les Poupées du Louvre

3717-F. **BÉBÉ** parlant, dormeur à cils, costume très riche soie et dentelle, avec bijoux.
0m39 20.50 — 0m42 24.50
0m46 28. » — 0m51 36. » — 0m56 45. »
0m63 54. » — 0m65 65. » — 0m69 75. »
0m73 93. » — 0m77 110. »

3718-M. **BÉBÉ** entièrement articulé, parlant en marchant, envoyant des baisers des deux mains, yeux vivants, cheveux naturels, costume soie et dentelle.
0m57. 28.50

**BÉBÉ** non habillé, chemise soie, parlant, marchant, envoyant des baisers, yeux mobiles à cils, cheveux naturels.
0m57. 13.75

3719. **BÉBÉ** nouveau-né, robe lingerie et broderie, paletot kimono laine tricot.
0m31 11.50 — 0m37 17. » — 0m42 22. » — 0m48 28. » — 0m65 39. »
*Le même*, non habillé.
0m20 2.90 — 0m25 4.25 — 0m31 5.75 — 0m37 8.50 — 0m42 10.50 — 0m48 14.50 — 0m65 18.75

3720. **BÉBÉ** mécanique parlant en marchant, bras et jambes articulés, yeux vivants, habillage riche, fille ou garçon.
0m56 32. » — 0m60 45. »
0m64 51. » — 0m70 72. »
Le même, non parlant, bras articulés.
0m46 21. » — 0m56 26.50
0m60 38. »
*Le même*, yeux fixes,
0m37 13.75 — 0m44 17.75

3721-D. **BÉBÉ** entièrement articulé, tête incassable, costume soie et dentelle, se déshabillant.
0m26 6.90 — 0m33 9.90
0m41 13.50
0m45 15.75 — 0m50 21. »

3725. **BÉBÉ**
1er pas, mécanique, marchant seul et sans le secours d'aucun appui.
0m28. . . 10.50
0m32. . . 14.50

3722-N.

**BÉBÉ** parlant, entièrement articulé, yeux mobiles à cils, habillage très soigné, se déshabillant.
0m40 10.75 — 0m46 13.75
0m60 19.75

3723-B. **BÉBÉ** entièrement articulé, dormeur, costume soie et dentelle.
0m29 4.25 — 0m33 5.25
0m37 6.75 — 0m41 8.25 — 0m45 9.75
0m49 11.50 — 0m62 14.75

3724-K.
**BÉBÉ** habillé, articulé, tête incassable caractérisée, tablier fantaisie, se déshabillant.
0m35. 3.90
0m44. 5.90
*Le même*, marcheur et parlant.
0m49. 8.90

3726.
**BÉBÉ** promenette articulé, tête incassable caractérisée, cheveux courts, costume maillot-culotte et bavoir.
0m33. 3.90
0m42. 5.90

3729-A. **BÉBÉ** articulé, yeux mobiles, costume soie et dentelle, se déshabillant.
0m30 1.75 — 0m33 2.75 — 0m35 3.50 — 0m39 4.75 — 0m46 5.75 — 0m50 6.50

3727-L.
**BÉBÉ** parlant, marchant, envoyant des baisers, dormeur à cils, costume mousseline plissée, entre-deux dentelle.
Hauteur 0m52. 15.75
Le même, entièrement articulé, costume soie et dentelle.
23.50

3728-E.
**BÉBÉ** entièrement articulé, dormeur à cils, costume soie plissée et dentelle, se déshabillant.
0m34 7.90 — 0m37 8.75 — 0m41 10.50
0m44 11.75 — 0m48 13.75
0m53 16.75 — 0m59 21.» — 0m63 25.»

**SALON DE THÉ** (*Nouveaux Magasins*) **ouvert de 9 heures à 6 heures.**

**1913. Catalogue du Louvre.** *Le bébé de l'année envoie des baisers des deux mains.*

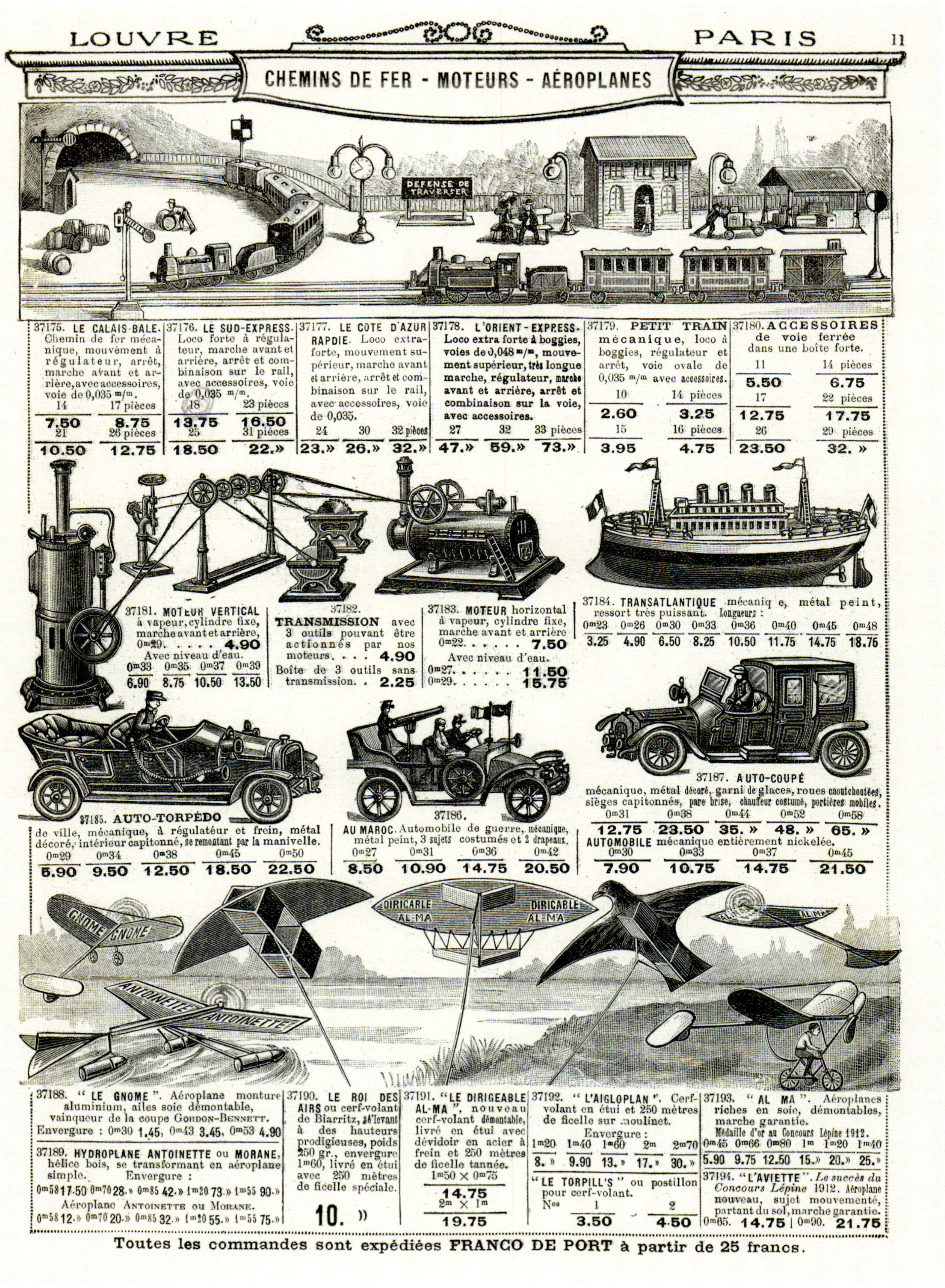

LOUVRE PARIS 11

CHEMINS DE FER - MOTEURS - AÉROPLANES

DÉFENSE DE TRAVERSER

37175. LE CALAIS-BALE. Chemin de fer mécanique, mouvement à régulateur, arrêt, marche avant et arrière, avec accessoires, voie de 0,035 m/m.

| 14 | 17 pièces | 21 | 26 pièces |
|---|---|---|---|
| 7.50 | 8.75 | 10.50 | 12.75 |

37176. LE SUD-EXPRESS. Loco forte à régulateur, marche avant et arrière, arrêt et combinaison sur le rail, avec accessoires, voie de 0,035 m/m.

| 18 | 23 pièces | 25 | 31 pièces |
|---|---|---|---|
| 13.75 | 16.50 | 18.50 | 22.» |

37177. LE COTE D'AZUR RAPDIE. Loco extra-forte, mouvement supérieur, marche avant et arrière, arrêt et combinaison sur le rail, avec accessoires, voie de 0,035.

| 24 | 30 | 32 pièces |
|---|---|---|
| 23.» | 26.» | 32.» |

37178. L'ORIENT-EXPRESS. Loco extra forte à boggies, voies de 0,048 m/m, mouvement supérieur, très longue marche, régulateur, marche avant et arrière, arrêt et combinaison sur la voie, avec accessoires.

| 27 | 32 | 33 pièces |
|---|---|---|
| 47.» | 59.» | 73.» |

37179. PETIT TRAIN mécanique, loco à boggies, régulateur et arrêt, voie ovale de 0,035 m/m avec accessoires.

| 10 | 14 pièces | 15 | 16 pièces |
|---|---|---|---|
| 2.60 | 3.25 | 3.95 | 4.75 |

37180. ACCESSOIRES de voie ferrée dans une boîte forte.

| 11 | 14 pièces | 17 | 22 pièces | 26 | 29 pièces |
|---|---|---|---|---|---|
| 5.50 | 6.75 | 12.75 | 17.75 | 23.50 | 32. » |

37181. MOTEUR VERTICAL à vapeur, cylindre fixe, marche avant et arrière, 0m29. . . . . 4.90
Avec niveau d'eau.

| 0m33 | 0m35 | 0m37 | 0m39 |
|---|---|---|---|
| 6.90 | 8.75 | 10.50 | 13.50 |

37182. TRANSMISSION avec 3 outils pouvant être actionnés par nos moteurs. . . . 4.90
Boîte de 3 outils sans transmission. . 2.25

37183. MOTEUR horizontal à vapeur, cylindre fixe, marche avant et arrière 0m22. . . . . . 7.50
Avec niveau d'eau.
0m27. . . . . . 11.50
0m29. . . . . . 15.75

37184. TRANSATLANTIQUE mécaniq e, métal peint, ressort très puissant. Longueurs :

| 0m23 | 0m26 | 0m30 | 0m33 | 0m36 | 0m40 | 0m45 | 0m48 |
|---|---|---|---|---|---|---|---|
| 3.25 | 4.90 | 6.50 | 8.25 | 10.50 | 11.75 | 14.75 | 18.76 |

37185. AUTO-TORPÉDO de ville, mécanique, à régulateur et frein, métal décoré, intérieur capitonné, se remontant par la manivelle.

| 0m29 | 0m34 | 0m38 | 0m45 | 0m50 |
|---|---|---|---|---|
| 5.90 | 9.50 | 12.50 | 18.50 | 22.50 |

37186. AU MAROC. Automobile de guerre, mécanique, métal peint, 3 sujets costumés et 2 drapeaux.

| 0m27 | 0m31 | 0m36 | 0m42 |
|---|---|---|---|
| 8.50 | 10.90 | 14.75 | 20.50 |

37187. AUTO-COUPÉ mécanique, métal décoré, garni de glaces, roues caoutchoutées, sièges capitonnés, pare brise, chauffeur costumé, portières mobiles.

| 0m31 | 0m38 | 0m44 | 0m52 | 0m58 |
|---|---|---|---|---|
| 12.75 | 23.50 | 35. » | 48. » | 65. » |

AUTOMOBILE mécanique entièrement nickelée.

| 0m30 | 0m33 | 0m37 | 0m45 |
|---|---|---|---|
| 7.90 | 10.75 | 14.75 | 21.50 |

GNOME GNOME

DIRICABLE AL-MA DIRICABLE AL-MA

ANTOINETTE ANTOINETTE

37188. " LE GNOME ". Aéroplane monture aluminium, ailes soie démontable, vainqueur de la coupe Gordon-Bennett.
Envergure : 0m30 1.45, 0m43 3.45, 0m53 4.90

37189. HYDROPLANE ANTOINETTE ou MORANE, hélice bois, se transformant en aéroplane simple. Envergure :
0m58 17.50 0m70 28.» 0m85 42.» 1m20 73.» 1m55 90.»
Aéroplane Antoinette ou Morane.
0m58 12.» 0m70 20.» 0m85 32.» 1m20 55.» 1m55 75.»

37190. LE ROI DES AIRS ou cerf-volant de Biarritz, s'élevant à des hauteurs prodigieuses, poids 250 gr., envergure 1m60, livré en étui avec 250 mètres de ficelle spéciale.
10. »

37191. "LE DIRIGEABLE AL-MA", nouveau cerf-volant démontable, livré en étui avec dévidoir en acier à frein et 250 mètres de ficelle tannée.
1m50 × 0m75 — 14.75
2m × 1m — 19.75

37192. " L'AIGLOPLAN ". Cerf-volant en étui et 250 mètres de ficelle sur moulinet.
Envergure :

| 1m20 | 1m40 | 1m60 | 2m | 2m70 |
|---|---|---|---|---|
| 8. » | 9.90 | 13. » | 17. » | 30. » |

" LE TORPILL'S " ou postillon pour cerf-volant.

| Nos | 1 | 2 |
|---|---|---|
| | 3.50 | 4.50 |

37193. " AL MA ". Aéroplanes riches en soie, démontables, marche garantie.
Médaille d'or au Concours Lépine 1912.

| 0m45 | 0m66 | 0m80 | 1m | 1m20 | 1m40 |
|---|---|---|---|---|---|
| 5.90 | 9.75 | 12.50 | 15.» | 20.» | 25.» |

37194. "L'AVIETTE". *Le succès du Concours Lépine* 1912. Aéroplane nouveau, sujet mouvementé, partant du sol, marche garantie.
0m65. 14.75 | 0m90. 21.75

Toutes les commandes sont expédiées FRANCO DE PORT à partir de 25 francs.

**1913. Catalogue du Louvre.** *Orient-Express, transatlantique, auto-torpédo et hydroplane : en cette veille de guerre les jouets font voyager.*

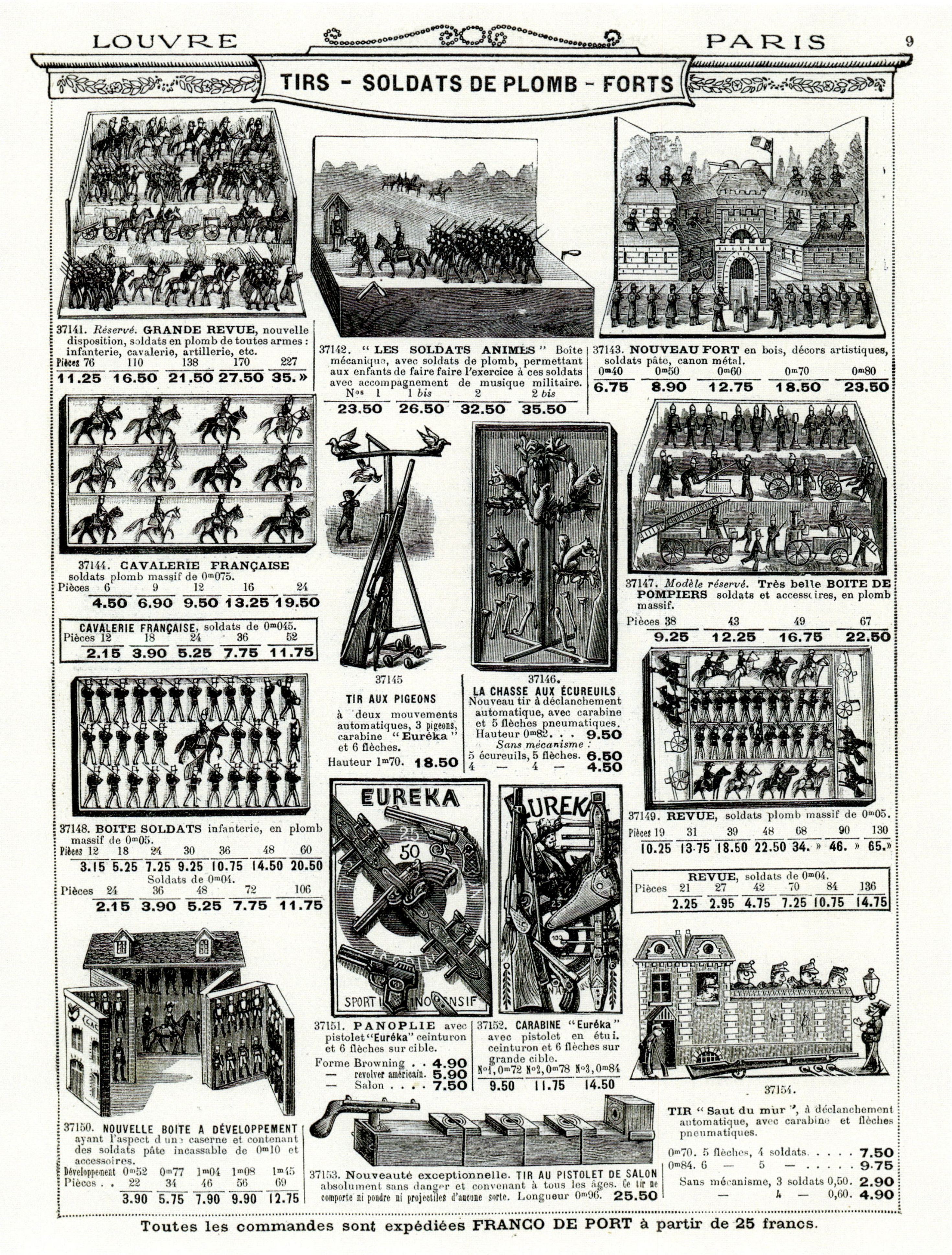

LOUVRE PARIS 9

## TIRS - SOLDATS DE PLOMB - FORTS

37141. *Réservé.* **GRANDE REVUE,** nouvelle disposition, soldats en plomb de toutes armes : infanterie, cavalerie, artillerie, etc.

| Pièces 76 | 110 | 138 | 170 | 227 |
|---|---|---|---|---|
| **11.25** | **16.50** | **21.50** | **27.50** | **35.»** |

37142. « **LES SOLDATS ANIMÉS** » Boîte mécanique, avec soldats de plomb, permettant aux enfants de faire faire l'exercice à ces soldats avec accompagnement de musique militaire.

| Nos 1 | 1 *bis* | 2 | 2 *bis* |
|---|---|---|---|
| **23.50** | **26.50** | **32.50** | **35.50** |

37143. **NOUVEAU FORT** en bois, décors artistiques, soldats pâte, canon métal.

| 0m40 | 0m50 | 0m60 | 0m70 | 0m80 |
|---|---|---|---|---|
| **6.75** | **8.90** | **12.75** | **18.50** | **23.50** |

37144. **CAVALERIE FRANÇAISE** soldats plomb massif de 0m075.

| Pièces 6 | 9 | 12 | 16 | 24 |
|---|---|---|---|---|
| **4.50** | **6.90** | **9.50** | **13.25** | **19.50** |

**CAVALERIE FRANÇAISE,** soldats de 0m045.

| Pièces 12 | 18 | 24 | 36 | 52 |
|---|---|---|---|---|
| **2.15** | **3.90** | **5.25** | **7.75** | **11.75** |

37145

**TIR AUX PIGEONS**

à deux mouvements automatiques, 3 pigeons, carabine « **Euréka** » et 6 flèches.

Hauteur 1m70. **18.50**

37146.

**LA CHASSE AUX ÉCUREUILS**

Nouveau tir à déclanchement automatique, avec carabine et 5 flèches pneumatiques.

Hauteur 0m82. . . **9.50**

*Sans mécanisme :*

5 écureuils, 5 flèches. **6.50**

4 — 4 — **4.50**

37147. *Modèle réservé.* Très belle **BOITE DE POMPIERS** soldats et accessoires, en plomb massif.

| Pièces 38 | 43 | 49 | 67 |
|---|---|---|---|
| **9.25** | **12.25** | **16.75** | **22.50** |

37148. **BOITE SOLDATS** infanterie, en plomb massif de 0m05.

| Pièces 12 | 18 | 24 | 30 | 36 | 48 | 60 |
|---|---|---|---|---|---|---|
| **3.15** | **5.25** | **7.25** | **9.25** | **10.75** | **14.50** | **20.50** |

Soldats de 0m04.

| Pièces 24 | 36 | 48 | 72 | 106 |
|---|---|---|---|---|
| **2.15** | **3.90** | **5.25** | **7.75** | **11.75** |



37149. **REVUE,** soldats plomb massif de 0m05.

| Pièces 19 | 31 | 39 | 48 | 68 | 90 | 130 |
|---|---|---|---|---|---|---|
| **10.25** | **13.75** | **18.50** | **22.50** | **34.»** | **46.»** | **65.»** |

**REVUE,** soldats de 0m04.

| Pièces 21 | 27 | 42 | 70 | 84 | 136 |
|---|---|---|---|---|---|
| **2.25** | **2.95** | **4.75** | **7.25** | **10.75** | **14.75** |

37150. **NOUVELLE BOITE A DÉVELOPPEMENT** ayant l'aspect d'une caserne et contenant des soldats pâte incassable de 0m10 et accessoires.

| Développement 0m52 | 0m77 | 1m04 | 1m08 | 1m45 |
|---|---|---|---|---|
| Pièces . . 22 | 34 | 46 | 56 | 69 |
| **3.90** | **5.75** | **7.90** | **9.90** | **12.75** |

37151. **PANOPLIE** avec pistolet « **Euréka** » ceinturon et 6 flèches sur cible.

Forme Browning . . **4.90**

— revolver américain. **5.90**

— Salon . . . . **7.50**

37152. **CARABINE** « **Euréka** » avec pistolet en étui, ceinturon et 6 flèches sur grande cible.

| No1, 0m72 | No2, 0m78 | No3, 0m84 |
|---|---|---|
| **9.50** | **11.75** | **14.50** |

37153. **Nouveauté exceptionnelle. TIR AU PISTOLET DE SALON** absolument sans danger et convenant à tous les âges. Ce tir ne comporte ni poudre ni projectiles d'aucune sorte. Longueur 0m96. **25.50**

37154.

**TIR** « **Saut du mur** », à déclanchement automatique, avec carabine et flèches pneumatiques.

0m70. 5 flèches, 4 soldats. . . . . **7.50**

0m84. 6 — 5 — . . . . . **9.75**

Sans mécanisme, 3 soldats 0,50. **2.90**

— 4 — 0,60. **4.90**

Toutes les commandes sont expédiées **FRANCO DE PORT** à partir de 25 francs.

**1913. Catalogue du Louvre.** *C'est l'heure de la revue pour les soldats de plomb, mais écureuils et pigeons ne sont pas de la fête.*

**1912. Catalogue de la Samaritaine.**

*Sous les pinceaux d'Henri Mirande, un Père Noël, habillé en bleu azur. Le rouge de son costume n'est pas encore absolu.*

**1913. Catalogue Aux Classes laborieuses.**

*Pour les familles modestes, le Bonhomme Noël se déplace en bus.*

Les chemins de fer, moteurs, aéroplanes abondent sur la page suivante, et témoignent du changement de civilisation en cours. L'avant-dernière page en remet une couche – si je puis dire – avec un appareil photographique à soufflet et « objectif périscopique » ; le « nouveau modèle 1913 » est à 39 francs.

Mais le clou de tout le catalogue, l'ouverture décisive sur la modernité, était bien le « Nouveau cinématographe Pathé de salon "Kok", donnant une image lumineuse irréprochable sans aucune installation électrique. Produit sa lumière lui-même pendant la projection et offre une sécurité absolue car ses bandes [les films] sont ininflammables ». Détail essentiel : du chemin a été parcouru en 1912 depuis qu'un appareil semblable provoqua l'incendie monstrueux du Bazar de la Charité, rue Jean-Goujon, le 4 mai 1897, qui fit plus de trois cents victimes.

En plus de quatre auto-pédales dernier cri, la page 18 et dernière propose deux bicyclettes : l'une « pour enfants » à 70 francs (mais un « cadre fillette » la porte à 90 francs), l'autre pour hommes et jeunes gens – c'est la barre du cadre qui fait la différence – à 75 francs, tandis que la version « pour dames » se monte à 110 francs. Enfin deux modèles de patins à roulettes sont présentés – Cosmos extensibles et Matador extensibles. Pouvait venir, et s'ouvrir le siècle de tous les plaisirs, des passions et des illusions les plus folles – tout allait désormais… comme sur des roulettes !

La fin de 1913 confirmera la tendance « Joyeux Noël » avec les « Étrennes 1914 » au Louvre, dont la page de couverture exhibe un traîneau sur la neige empli de « joujoux » – dont un fusil, c'est indispensable, et un ourson émerveillé au visage de petit chat qui préfigure la bénignité d'un nounours, son descendant direct après la guerre. Le Bonhomme Noël s'en vient au loin, près des sapins, et cette fois-ci il est habillé de rouge, comme le Petit Chaperon en personne qui contemple, avec ses sabots dondaine, le trésor des jouets…

Claire aussi est l'allégorie d'un magasin, sans doute populaire, qui s'appelle bravement « Aux Classes laborieuses », situé au 46-48 boulevard de Strasbourg. L'intitulé de cette raison sociale signale tout de même une ouverture du jouet manufacturé à un monde ouvrier qui est sorti, à la veille de la Grande Guerre, du semi-esclavage qui fut si souvent son lot au XIXe siècle. L'école pour tous, mise en route depuis trente ans, porte alors ses premiers fruits. Clin d'œil très significatif, c'est le « Père Noël » lui-même, entré dans la famille des laborieux, qui conduit cette fois l'autobus de la prodigalité : à côté de lui, un ourson sur le siège du passager !… C'était pour les premiers mois de 1914 les dernières libéralités avant l'épouvante – le dernier baiser de paix aux enfants de France.

**1914. Catalogue du Printemps.** *Et le jouet fait son entrée dans le monde de l'art.*

# NOËL QUAND MÊME

## Période 1914-1918

**1915. Catalogue du Bon Marché.**
*Quelle que soit l'enseigne, la Première Guerre mondiale se retrouvera en une des catalogues durant le conflit.*

Certains anthropologues ont vu dans les comptines enfantines – les *am-stram-gram* ou la *poule sur un mur qui picore du pain dur* par exemple – le stade dégradé de rites adultes très archaïques ; ces comptines puériles d'origine incantatoire seraient le résidu de cérémonies mettant en scène des superstitions antiques. Les pratiques magiques primitives auraient été abandonnées aux enfants au fur et à mesure que la tradition s'assouplissait chez les grandes personnes.

Si cela est vrai on peut ranger dans cette catégorie de transmission des pratiques barbares les jeux d'enfants qui paraissent aux catalogues dans la période de 1914 à 1918 – le jouet lui aussi faisait la guerre !

Les grands magasins du Printemps n'avaient pas flâné en chemin – aussitôt après la bataille de la Marne, une fois assurés avec les premières tranchées que les « Alboches » n'allaient pas envahir tout de suite la place du Châtelet, ils se mirent à l'œuvre pour proposer au mois de décembre, en vue des étrennes 1915, tenez-vous bien, de « charmantes compositions militaires, en bois découpé et tourné, dessinées spécialement pour le Printemps par MM. André Hellé et Carlègle ». À peine les tueries d'août-septembre épongées, les petits fabricants du Marais, à Paris, avaient donc fait carburer leur imagination pour produire, sans perdre une minute à s'apitoyer, les charmantes saynètes appelées « Ambulance d'arrière », « Artillerie lourde », et même un attendrissant « Retour du front » dans la joie et la bonne humeur.

On pourrait dire à leur décharge que ces petits artisans saisissaient l'occasion aux cheveux de prendre une revanche sur les fabricants de jouets allemands, en particulier ceux de Nuremberg, qui leur faisaient depuis dix ans une concurrence sévère. Les Allemands, mieux organisés, utilisant avant tout le monde des voyageurs représentants pour vendre leurs produits à l'étranger, avaient établi à Paris même un siège de diffusion efficace qui avait fait tripler les importations de jouets depuis 1903. Ces échanges commerciaux furent naturellement stoppés dès le début des hostilités ; le IIIe arrondissement de Paris, cœur de la production nationale, ne pouvait que se réjouir et mettre les bouchées doubles.

**1916. Catalogue du Bon Marché.** *Les petits poulbots passent Noël dans les tranchées.*

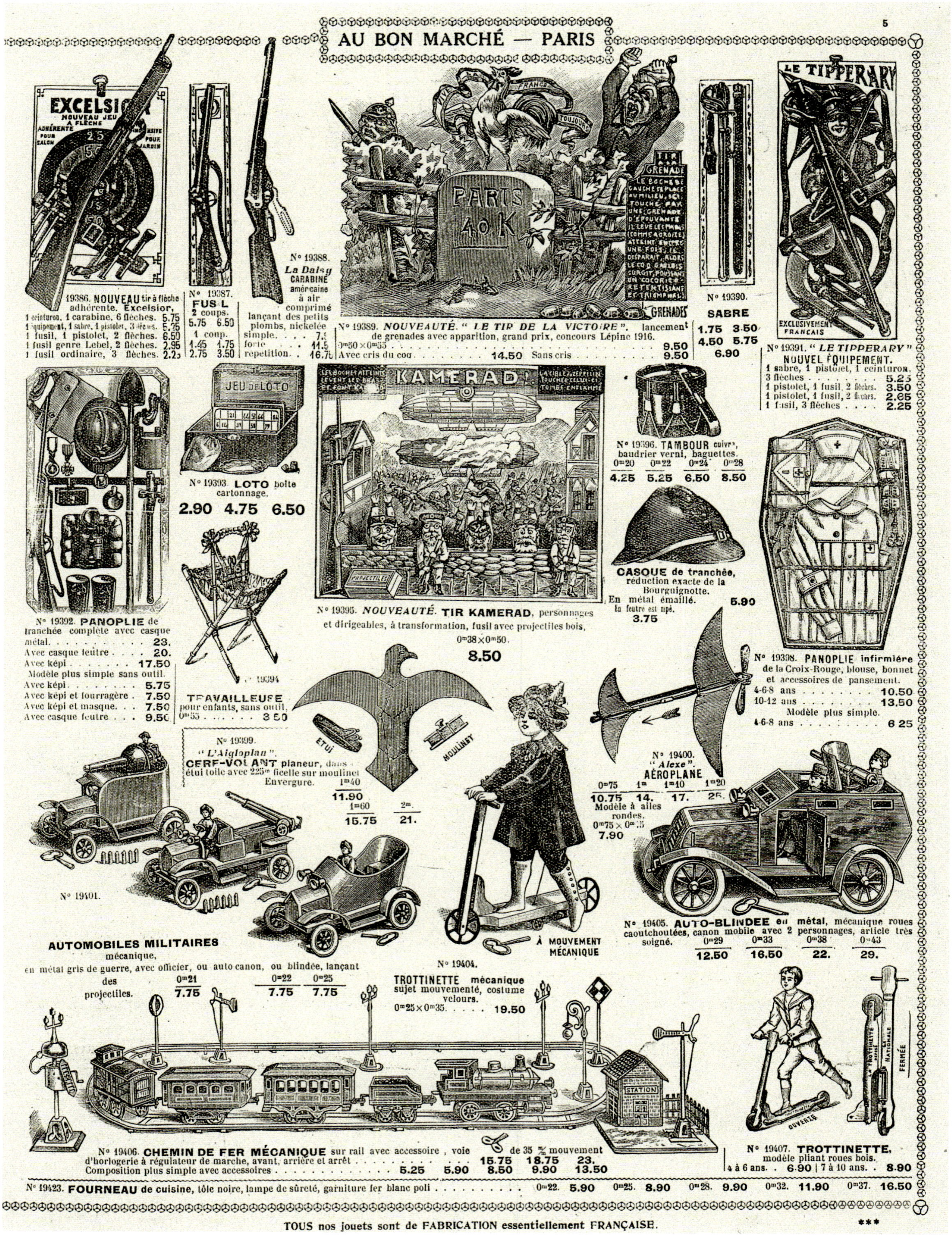


**1916. Catalogue du Bon Marché.** *Petits Français, tirez sur les Boches.*

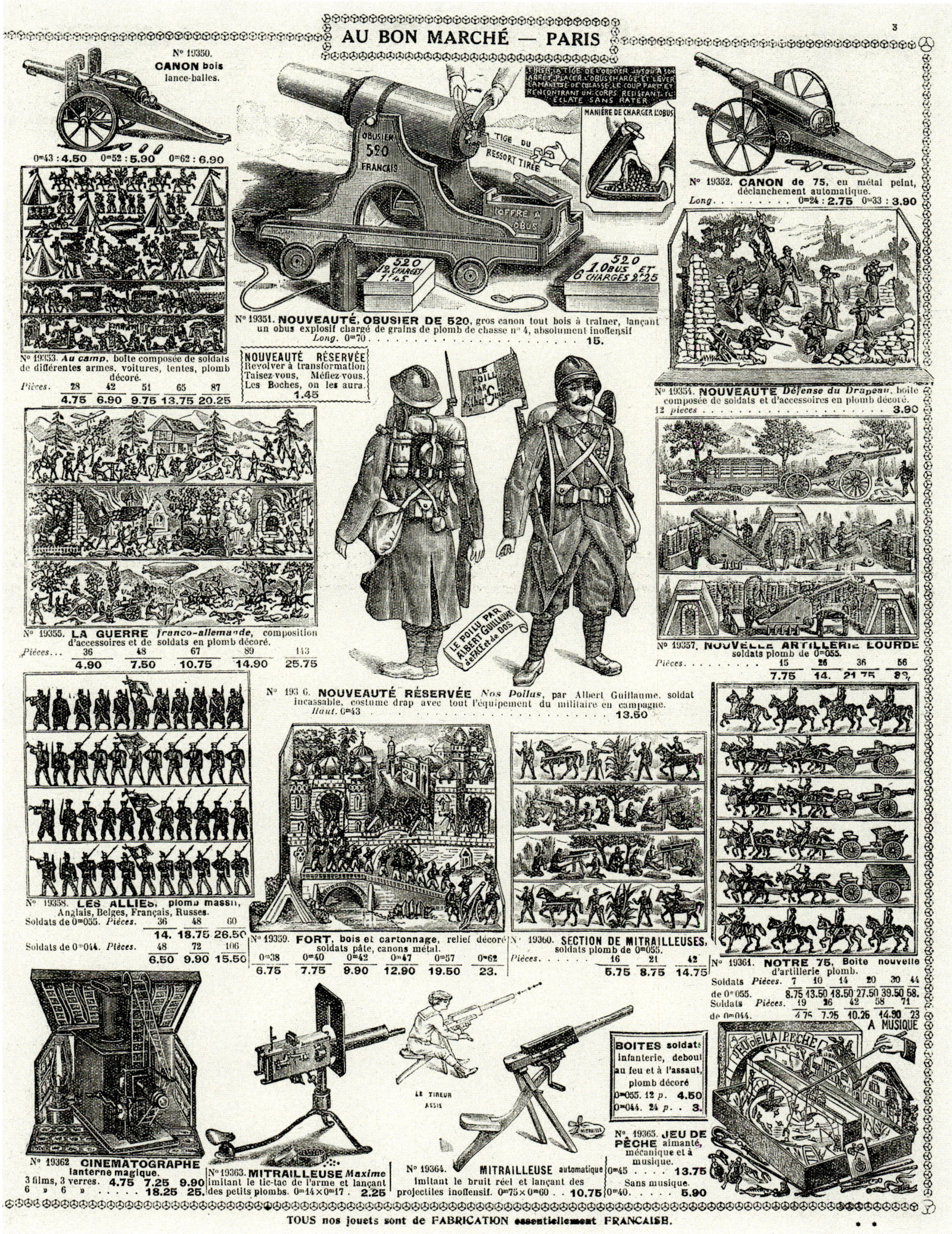


**1916. Catalogue du Bon Marché.** *Nous sommes en guerre, ne l'oublions pas.*

**1917. Catalogue du Louvre.** *Toutes les panoplies pour résister à l'ennemi.*

**1916. Catalogue du Printemps.**
*« Réveillez-vous, les enfants, venez jouer avec nous » semblent dire les soldats, sur la couverture dessinée par A. Rapeño.*

Cela étant, la « guerre de 14 » troubla véritablement les esprits. On sait combien les mouvements jusque-là pacifistes, et antimilitaristes, tournèrent brusquement casaque pour chanter « Mort aux Boches » et se faire les propagandistes du « jusqu'au bout »… La fièvre meurtrière s'empara de l'Europe, pour des raisons profondes sûrement mal élucidées – les vieux voulurent-ils faire tuer leur progéniture, comme on l'a suggéré ? Cela dans une formidable poussée de barbarie, afin de supprimer la concurrence des jeunes ?… C'est en tout cas la version psychanalytique, qui fait appel au renouvellement des très vieux mythes.

Le catalogue du Printemps en 1915 (étrennes 1916), comme ceux qui suivront, invite bizarrement les enfants à participer à cette étonnante chasse à l'homme. Deux enfants se réveillent (le matin de Noël ?) pour voir sur leur lit le canon braqué sur eux, et trois soldats… Plus qu'une menace – ce sont des soldats français – il s'agit d'une invite à se mêler aux « jeux de la guerre » : « Réveillez-vous, les enfants, venez jouer avec nous », semble être le seul message de cette présentation ludique, ce qui, sans pruderie excessive, soulève quelques questions d'éthique ! L'image, signée A. Rapeño, a été dessinée très tôt, avant le mois d'octobre 1915, peut-être même durant l'été, sans doute pour donner le temps à l'imprimeur de réaliser le catalogue dans la pénurie de main-d'œuvre résultant de la mobilisation et de l'envoi de renforts de troupes. L'uniforme s'en trouve démodé – en effet le pantalon garance et le calot mou du fantassin furent abandonnés par nos armées durant le mois septembre 1915 au profit de la tenue bleu horizon et du casque Adrian qui servira d'emblème aux poilus.

Mêler ainsi les enfants à la guerre, montrée sous un jour quasi souriant tout à fait passionnant, semble pour les sensibilités d'aujourd'hui une monstruosité. Ce n'était pourtant rien en comparaison des monstruosités de la saison suivante. En 1916, ce fut l'enfer de Verdun et la bataille de

GRANDS MAGASINS DU PRINTEMPS — PARIS

1914-1915

17636. **Trains militaires** de cavalerie ou infanterie, composés de : une locomotive, trois wagons garnis cavaliers et chevaux.
Cavalerie : 35 pièces. Infanterie : 33 pièces.
Au choix .. .. .. .. .. .. .. .. .. **7.90**

**Charmantes compositions militaires en bois découpé et tourné, dessinées spécialement pour LE PRINTEMPS, par MM. André Hellé et Carlègle.**

17639. **Boîte de soldats** alpinistes avec mulets porte-canons, skieurs, maison forestière, arbres, etc.
Nombre de pièces : 34. Prix.. .. **11.75**
17640. Composition **fusiliers marins.**
Nombre de pièces : 35. Au choix.. **11.75**

17637. **Artillerie lourde** composée de son canon avec tracteur automobile, camion, bâche, artilleurs et cavaliers, 18 pièces. Prix. **5.90**
**Train transport,** artilleurs, canons, matériel, 21 pièces. Prix. .. **6.90**



17643. *Exclusif.* **Bochdanlo veut aller en Angleterre.** Tir mobile très amusant avec fusil et projectiles.
Hauteur : 41 cent.
Prix .. .. .. .. .. .. .. **5.90**

17641. Jolie composition de **zouaves et turcos** à la charge; infanterie française, belge; Allemands à la parade et prisonniers, avec automobile militaire, motocyclette, mitrailleuse, crapouillaud et charrette attelée.
Nombre de pièces : 52. Prix.. **16.75**

17644. *Exclusif.* **Ambulance d'arrière** montée jonc et toile raphia, rideaux toile, infirmière poupée, brancards et blessés.
Hauteur : 40 cent.
Prix. .. .. .. .. .. .. .. .. .. .. .. .. **6.90**

17645. **Retour du front.** Charmante habitation garnie de trois sujets poupées, table, service à café, faïence décorée.
Hauteur : 53 cent., largeur : 50 cent.
Prix .. .. .. .. .. .. .. .. **17.50**

17646. *Réservé.* **Défense de l'ambulance.** Intéressante composition militaire composée de soldats plomb au feu, avec brancardiers, blessés et divers accessoires.
Longueur : 32 cent. Prix. .. .. **13.75**



17647. **Ambulance militaire** mécanique avec conducteur, infirmiers et blessé, brancards mobiles, roues caoutchoutées. Longueur : 32 cent.
Prix .. .. .. .. .. .. .. .. .. **16.50**

17648.
*Réservé.* **Quilles boches** de salon articulées, avec pièces de 75 et projectiles.
Prix.. .. .. .. .. .. .. .. .. **3.90**

17649. **Chariot serbe.** Vannerie rustique capote et garniture, coussins, tissu fantaisie, roue bois. Longueur totale poignées comprises : 55 cent. Prix. .. **10.50**
*Même modèle.* Long. : 48 cent. **8.90**

TOUS LES JOUETS CONTENUS DANS CE CATALOGUE SONT DE FABRICATION FRANÇAISE

DRAEGER, IMP.

**1914. Catalogue du Printemps.** *« Charmantes compositions » en bois.*

# NOS NOUVEAUX JOUETS POUR 1917

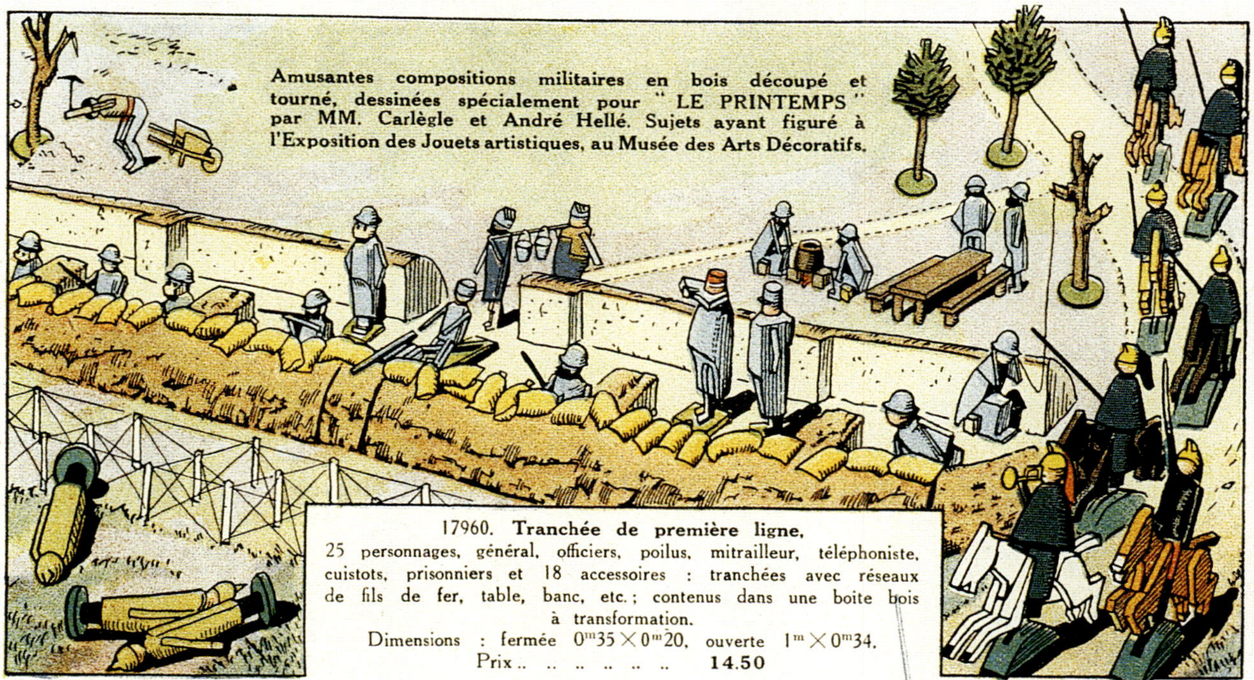

**Amusantes compositions militaires en bois découpé et tourné, dessinées spécialement pour " LE PRINTEMPS " par MM. Carlègle et André Hellé. Sujets ayant figuré à l'Exposition des Jouets artistiques, au Musée des Arts Décoratifs.**

17960. **Tranchée de première ligne.**
25 personnages, général, officiers, poilus, mitrailleur, téléphoniste, cuistots, prisonniers et 18 accessoires : tranchées avec réseaux de fils de fer, table, banc, etc. ; contenus dans une boite à transformation.
Dimensions : fermée 0m35 × 0m20, ouverte 1m × 0m34.
Prix.. .. .. .. .. .. .. 14.50

17961. **Charge de cavalerie.** officier, trompette, lanciers, chevaux à bascule, cavaliers mobiles. 12 pièces dans un joli carton. Prix. 5.50

17962. **Les soldats de Hellé.** Pochette de 6 soldats, tissu imprimé, couleurs inaltérables et inoffensives. Sujets à coudre et à bourrer, très intéressants à monter, avec notice explicative.
La pochette.. .. .. .. .. .. .. 2.45

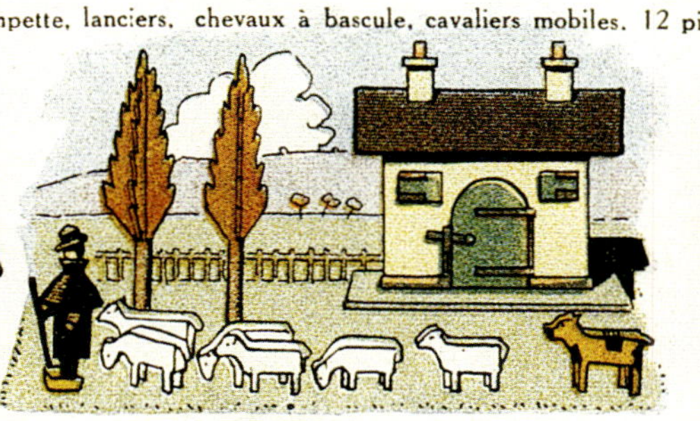

17963.
**Bergerie berrichonne.** Charmante composition artistique en bois découpé, berger, chien, moutons, arbres et maison pouvant contenir les animaux. Livrée dans un élégant carton.
Prix .. .. .. .. .. .. .. .. .. .. .. .. .. .. .. 10.50

17964.
**Boîte de soldats incassables,** très jolis sujets en tissu. Hauteur 0m17. Cosaque, Poilu, Tommy, Bersaglier, Serbe, Tirailleur, d'André Hellé.
La boite de 6.. .. .. .. .. .. .. 5.90

17965. **Tir Guillaume Tell.** Jeu d'adresse en bois découpé, arbalète à ressort acier, carquois avec flèches, sur planchette pliante. Longueur 0m98, dans un très beau carton.
Prix.. .. .. .. .. .. .. .. .. .. .. .. .. .. .. .. .. 10.90

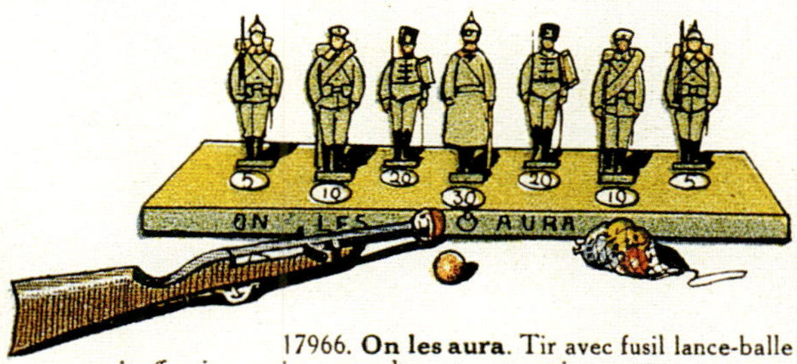


17966. **On les aura.** Tir avec fusil lance-balle inoffensive, sujets se relevant automatiquement.
Coffret 7 sujets. Prix.. .. .. .. .. .. .. .. .. .. .. 4.90
Coffret 5 sujets avec pistolet. Prix . . . . .. .. .. .. 2.90

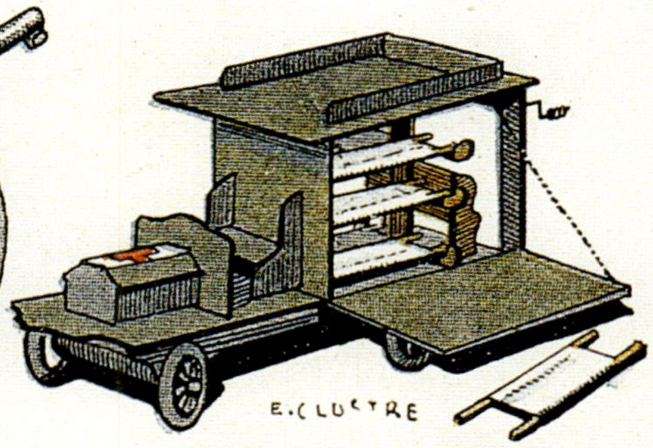

17967. **Chariot berceau alsacien,** vannerie rustique sur roues bois, garniture cretonne fantaisie.

| Longrs. | 0m35 | 0m40 | 0m45 |
|---|---|---|---|
| Prix .. | 10.90 | 12.90 | 14.90 |

17968. **Le rapide 75.** Canon tout métal, construction très soignée, peinture émail et parties nickelées, se chargeant par la culasse, volant de pointage, projectiles inoffensifs, avec notice explicative.
Longueur totale 0m30. Prix .. .. .. .. .. .. 7.90

17969. **Ambulance automobile** tout en bois, peinture grise avec croix rouges, côtés s'ouvrant automatiquement, brancards mobiles.
Longueur 0m40. Prix.. .. .. 11.90

DRAEGER, IMP.

**1916. Catalogue du Printemps.** *En vedette, cette année, la petite tranchée.*

**1916. Catalogue du Louvre.**

*Nul triomphalisme guerrier dans cette couverture pleine de compassion.*

**1916-1917. Catalogues du Printemps.**

*Les enfants de Paris jouent à la guerre sous l'œil rigolard d'un zouave blessé de retour du front. Un an plus tard (page de droite), un poilu radieux en costume de Père Noël, de retour du front, serre deux poupées contre son cœur: l'Alsace et la Lorraine.*

la Somme, soit la boucherie la plus féroce, sans excuse, sans remède, l'expression de la sauvagerie et de la bestialité extrêmes, franco-anglo-allemande. Trouver amusant de dessiner des enfants en poilus, à la tranchée, sous le choc d'une marmite qui explose des jouets innocents, paraît le comble de l'inconscience et de la méchanceté réunies. Signé Poulbot – pas moins, avec pour commentaire: « Noël... quand même!... » À quoi pensait Francisque Poulbot, le célèbre créateur des petits mômes de la zone et des fortifs, lorsqu'il composa cette image pour le Bon Marché?... Son but était-il de produire, avec talent, un tableau dynamique qui traduise la nargue et l'insouciance du poilu parigot? Il appartenait lui-même à la classe 79, il avait donc trente-sept ans en 1916, il ne pouvait avoir l'excuse de la sénilité! Mais où diable se trouvait-il donc au moment de cette trouvaille d'humour noir – loin du front? Planqué? Un « embusqué »?... Renseignements pris, Poulbot fut réformé peu après la mobilisation; il n'alla jamais sur le front – cela explique le dérapage chez ce génial dessinateur si tendre, si humain, qui a su jeter un éclairage bien doux sur les enfants des rues libres, comme jadis Gavarni sur les jeunes filles sans vertu.

Toujours dans le même hiver 1916-1917, le Printemps prend plaisir à présenter, dans une image un peu plus banale, une troupe d'enfants jouant à donner l'assaut à un fort, sous l'œil rigolard d'un zouave sénégalais, blessé, que la guerre distrait! Le drapeau français flotte haut chez les assaillants... Du reste une page du catalogue est consacrée à l'une des « amusantes compositions militaires » des incontournables Carlègle et Hellé, grands artistes au demeurant. Cette fois-ci ils ont reconstitué avec leurs bouts de bois peints une tranchée en action. Il n'y manque pas un sac de terre sur le parapet, le réseau de barbelés protecteurs, le ravitaillement de la soupe dans les bouteillons, le gars télégraphiste à genoux près de son poste – sans oublier quelques Boches avec leur casque à pointe étendus raides devant la tranchée! De quoi bien s'amuser...

Le Louvre, la même année 1916, avait une couverture plus stylée et plus sobre, dans des tons un peu tristes, et, chose extrêmement remarquable, toute empreinte de compassion. Nul triomphalisme guerrier: sur quatre images, deux infirmières, l'une auprès d'un soldat anglais blessé, l'autre soutenant un grand invalide; une troisième femme tient le bras de son fiancé mal en

AU
PRINTEMPS
PARIS
JOUETS
ETRENNES

**1918. Catalogue du Bon Marché.**
*Sur la couverture les gosses de Poulbot ont terrassé la peluche allemande : « Vive le jouet français ! »*

**1918. Catalogue des Galeries Lafayette.**
*Le soldat américain rend aux enfants de France les poupées Alsace et Lorraine.*

point ; la scène la plus militaire montre deux officiers anglais saluant d'un air navré un poilu sale en faction qui tient son fusil comme un bâton – c'est à se demander si le Louvre ne fut pas accusé de défaitisme... Des arbres exotiques, orangers stylisés dans des caisses, accompagnés de perroquets songeurs, évoquent sans doute avec une discrétion touchante les troupes coloniales. La composition est vraiment très belle, et, discrétion supplémentaire qui force le respect : elle n'est pas signée.

En revanche le Printemps de 1917 ne se départit pas de son optimisme : le catalogue présente un Père Noël radieux et triomphant en costume de poilu, avec casque et masque à gaz. Il transporte sous la luxueuse houppelande doublée qui lui sert de capote – normal, elle lui tombe du ciel ! – une profusion de jouets de première nécessité : un avion, une ambulance, un canon, des militaires, français, anglais, deux poupées qu'il serre sur son cœur (elles sont d'Alsace-Lorraine), et l'on aperçoit à l'arrière de la hotte le drapeau américain déployé, signalant que les troupes yankees, en 1917, viennent d'arriver.

Enfin la guerre est gagnée – les étrennes de janvier 1919 le disent. Le dessinateur Georges Redon n'y est pas allé par quatre chemins – il a fallu faire vite pour que le catalogue soit imprimé début décembre ! Il a représenté sans barguigner le vrai vainqueur de l'année, le soldat américain guêtré et chapeauté qui tient l'Alsace dans sa main droite et la Lorraine dans la gauche.

Dans la même urgence Poulbot a composé pour le Bon Marché, son client, une allégorie différente : un poulbot et une poulbote marchent sur le corps d'un guerrier boche en peluche, terrassé ; au-dessous court la légende destinée à mettre du baume au cœur de la Chambre syndicale des fabricants de jeux et jouets : « ... et maintenant, vive le jouet français ». Une page du catalogue est consacrée à un « atelier des soldats mutilés de la guerre » – en effet une reconversion des manchots et des aveugles était en cours ; de manière significative leurs jouets vont du service à café au train en bois, aux quilles : aucun soldat, ni casque, ni rien qui puisse évoquer la guerre n'y apparaît !

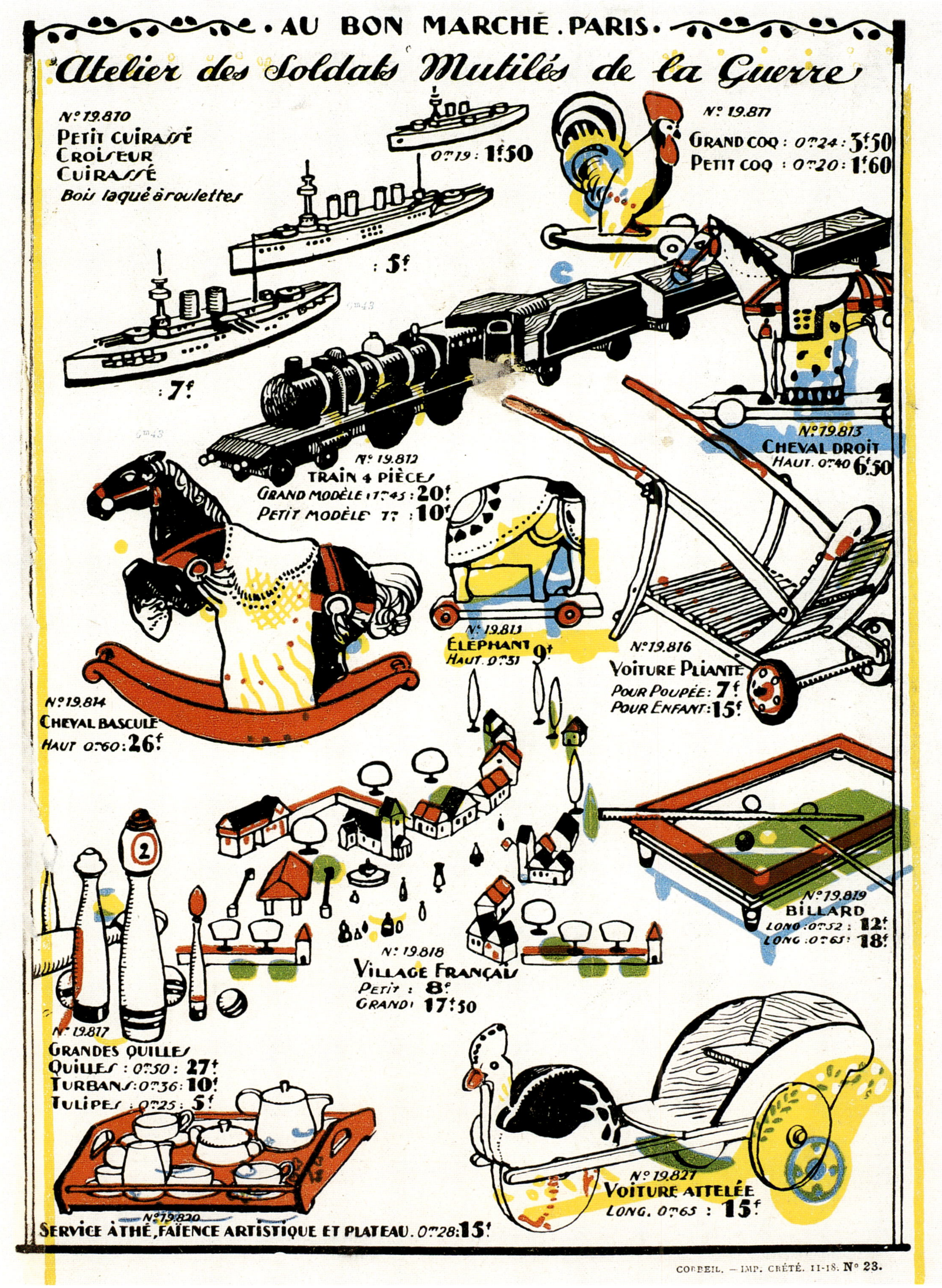


**1919. Catalogue du Bon Marché.** *Une reconversion pacifique pour les mutilés : la fabrication de jouets en bois.*

# DES CATALOGUES DE RÊVE

## Période 1918-1940

**1920, 1921 et 1922. Catalogues du Louvre et des Trois Quartiers.**

*Les enfants dessinés par Roowy tournent symboliquement la page des années de guerre. Néanmoins un an plus tard, Reinette et Pépin dessinés par Grand Aigle, par assonance, rappellent le célèbre couple Nénette et Rintintin, mascottes des poilus.*
*Le jeune couple des Trois Quartiers est l'œuvre de Béatrice Mallet qui a dessiné, cette même année, le logo de Petit Bateau.*

Après toutes les catastrophes sans remède, les pestes et les conflits sanglants qui sèment la mort, après chaque déploiement extraordinaire de l'inappréciable férocité humaine, il vient aux sociétés qui ont souffert des maux innombrables un irrépressible goût du rêve. « La joie venait toujours après la peine », a dit le poète. Les survivants aspirent à l'évasion, à l'irréel, au chimérique, au fabuleux, à ce qui n'appartient pas à la terre, au futile aussi, au frivole, au romantique, au cinéma, au mythique en somme, qui viennent adoucir les aigreurs et calmer la cuisson des plaies.

Après 1914-1918, le jouet s'envole, s'allège ; il tourne à l'exotique, pendant que le surréalisme rit et que le jazz claironne sa joie de cuivre…

En 1921 le Louvre s'attaque aux fabulettes : « Reinette et Pépin tombent de la hotte du Père Noël » – lui, on lui donne à présent son nom de croisière ! Au devant de l'image un gros lion gentil, c'est le « bon lion du Louvre », heureusement, qui va emmener les petits choisir des jouets dans le grand magasin. Le nom des personnages constitue une allusion par assonance au célèbre couple de poupées de laine, Nénette et Rintintin, porte-bonheur offerts naguère aux soldats sur le front pour les « protéger » des avions allemands.

En 1922, tandis que la France tout entière se couvre de monuments aux morts, les mêmes Grands Magasins du Louvre offrent le portrait de deux fillettes dans un lit bien doux, bordé de rideaux de gaze aux franges plissées… L'une d'elles est endormie sur l'oreiller et rêve, dans un

**1922. Catalogue des Trois Quartiers.** *En dernière page, les animaux inspirés des personnages de Benjamin Rabier.*

**1922. Catalogue du Louvre.** *Le Jardin d'acclimatation vient de rouvrir ses portes.*

**1922. Catalogue du Louvre.**

*Maggie Salzedo a dessiné en dernière page un véritable conte où Fanchon et son frère Cadet sont accueillis au Royaume des Nains pour fêter la nouvelle année.*

**1921. Catalogue du Grand Bazar de l'Hôtel de Ville.**

*Les pages intérieures présentent l'histoire illustrée du jouet à travers les âges.*

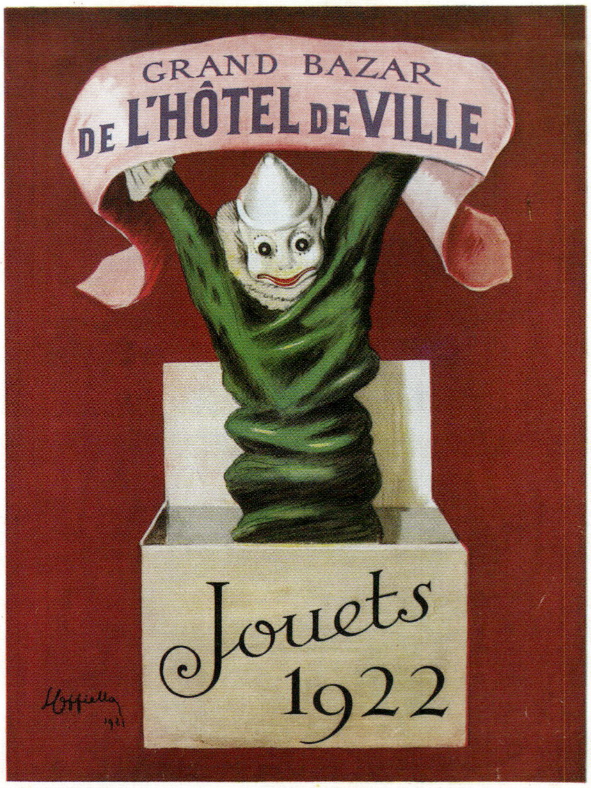

**1922. Catalogue du Grand Bazar de l'Hôtel de Ville.**

*Le magasin a confié à Cappiello sa couverture qui a ici tous les caractères d'une affiche.*

**1922. Catalogue du Louvre.**

*L'illustration poétique de Maggie Salzedo évoque le rêve et présente une nouvelle venue: Golliwog, la petite poupée anglaise de chiffon noir.*

halo vaporeux, qu'elles voguent toutes les deux sur un bateau à voile; elles quittent le pays réel pour un pays de songes. L'endormie est blonde, blond-roux, le teint rose – la surprise est que l'autre gamine est noire. Toute noire, crépue…

C'est la première image où apparaît, me semble-t-il, pour ces étrennes de 1922, une enfant de couleur. Mais celle-ci a son histoire en Angleterre où on l'appelle Golliwog – une golliwog est une poupée noire aux cheveux hirsutes qui servait de logo à la marque anglaise de confitures Robertson. Elle avait déjà une existence avant la guerre, alors que Debussy composa en 1908 une pièce enfantine pour piano intitulée *Golliwogg's Cakewalk*. Est-ce ici l'effet de l'armée américaine qui a, une première fois, libéré la France avec ses troupes multiraciales, au grand étonnement des populations locales? Était-ce un hommage aux héroïques tirailleurs – qu'on appelait sénégalais mais qui venaient de toute l'Afrique? Le grand magasin les saluait-il ainsi? Il y avait sans doute un peu de tout cela dans l'esprit de l'artiste Maggie Salzedo à qui la couverture avait été confiée. En tout cas l'image est belle dans ces bleus rehaussés de roux – c'est frais, c'est habile, c'est commercialement attendrissant. Le bateau est un jouet assez semblable à celui que j'ai eu – je reconnais tout à coup la manière d'arrimer la voile à l'arrière avec un fil…

Dans ce même début d'hiver 1921-1922, le Printemps verse dans *La légende de sainte Odile* – tout de même patronne de l'Alsace. Sainte Odile, aveugle de naissance et bannie par son père au VIIe siècle, recouvra miraculeusement la vue et revint dans sa famille, qui lui donna Hohenbourg en Alsace – un peu comme l'Alsace elle-même venait de rentrer au sein de la République. Allégorie, quand tu nous tiens! Ce qu'offre le catalogue sans hésiter c'est un ensemble de costumes et d'accessoires intitulé « AU FAR WEST ». Cela comprend une tente indienne, « toile peinte, monture pliante », une panoplie qui inclut « coiffure (avec les plumes), hache, calumet, etc. » ainsi que le costume de cow-boy: « Tissu kaki, chapeau, foulard, lasso. » C'est l'Amérique qui entre chez nous, avec son folklore – elle ne repartira jamais. Du reste un « chemin de fer à pentes » s'appelle *Mountains railway*. Au même moment le Grand Bazar de l'Hôtel de Ville avait choisi, non pas un diable, mais un clown sortant de sa boîte à ressort, dû au dessinateur Cappiello, ce qui restait ludique et présentait tous les caractères d'une affiche.

**1924. Catalogue du Printemps.** *Jolie farandole de poupées conduite par Nounours.*

**1923. Catalogue du Louvre.**

*C'est le temps des explorateurs. Pour jouer les aventuriers, les jeunes garçons peuvent acheter les voitures du Raid Citroën au Sahara.*

Et puis la vie mouvementée de l'après-guerre, marquée par un prodigieux essor technologique et une gigantesque envie d'aventure, est entrée très vite dans le monde des jouets. « Les jouets du Louvre vont partout », dit un slogan publicitaire inscrit sur trois boules qui figurent le globe sous ses aspects physiques les moins propices : polaire, maritime, désertique, c'est-à-dire des lieux naturellement peu accueillants vers lesquels le danger attire les audacieux, les casse-cou de tout poil. La décennie 1920 pouvait s'appeler « le temps des explorateurs » – il faut ajouter celui des grands reporters. Albert Londres ou Maurice Dekobra sillonnent la planète, en rapportant des histoires à faire rêver les foules, tandis que des aventuriers téméraires mettent leur vie en jeu pour le plaisir de repousser les frontières de l'impossible.

L'une des aventures les plus retentissantes fut, durant l'hiver 1922-1923, le Raid Citroën au Sahara qui célébrait tout à la fois le progrès technique dans ce qu'il avait alors de plus visible, l'automobile, la hardiesse de l'entreprise, et la naissance des opérations publicitaires à grande échelle. L'enjeu en valait la peine : vaincre le plus grand désert du monde en établissant une liaison entre le Maghreb et l'Afrique noire. André Citroën, dont l'entreprise n'avait alors que cinq ans d'existence, venait de mettre au point, grâce à l'invention d'un ingénieur d'origine russe, les autochenilles dont il espérait merveille tant sur le plan des travaux publics en forêt que dans le domaine militaire et colonial.
L'expédition transsaharienne partit de Touggourt au sud de l'Algérie le 17 décembre 1922, pour parvenir à Tombouctou, au Soudan, en vingt et un jours. L'équipage de cinq autochenilles s'oriente à la boussole et au sextant sur les 3 200 kilomètres de traversée dans les mers de sable et les plateaux du Hoggar. Une première mondiale héroïque – un triomphe que la firme Citroën utilisera à fond pour sa réclame ; les photographies prises au cours de la mission courent le monde, et un film reportage est diffusé par la Gaumont – les comptes rendus dans la presse

**1925. Catalogue du Printemps.** *Bécassine, au premier plan, fête ses vingt ans.*

**1925. Catalogue des Galeries Lafayette.** *On reconnaît en haut à droite l'effigie d'Harold Lloyd, l'acteur américain.*

**1924. Catalogue du Bon Marché.**
*Les Français se passionnent pour l'astre lunaire après la publication d'un livre de l'abbé Moreux.*

**1925. Catalogue des Nouvelles Galeries de Caen.**
*La Société française du grand bazar et nouvelles galeries, fondée à Saint-Étienne en 1897, possède en 1920 plus de trente magasins dans la France entière.*

internationale sont dithyrambiques et répandent partout la gloire de la marque Citroën. Aussitôt qu'apparaissent des autochenilles dans un catalogue de jouets, il s'agit d'une référence claire à l'épopée légendaire.

Toutefois le génie publicitaire d'André Citroën ne s'arrêta pas en si « bon chemin » ; il eut alors l'idée, pour toucher les enfants – futurs automobilistes –, de fabriquer des jouets au nom de sa marque. En 1923 il lance les reproductions des modèles de voitures existants ; minutieusement identiques aux originaux, les copies miniatures servent à propager l'image Citröen, et sont mises en vente chez les concessionnaires. En 1924, le maître du Quai de Javel – où sont les usines – met sur le marché la Citroënnette (à l'époque on prononçait *Citronnette*, comme le nom du constructeur qui se disait *Citron*). Cette voiturette à pédales était inspirée par la toute récente et déjà fameuse petite 5 CV à deux places, avec un coffre pointu à l'arrière imitant la poupe d'un vaisseau – un modèle à trois places, qui prenait sur le coffre, s'appelait la « Trèfle »… Ce fut la première automobile que je conduisis dans ma vie, à l'âge déraisonnable de onze ans et demi. Je parle de la vraie 5 CV, pas de la Citroënnette à pédales !…

Dans le même moment un autre vainqueur des éléments hostiles était Alain Gerbault, le navigateur solitaire ci-devant champion de tennis. Le 25 avril 1923, Alain Gerbault avait quitté le port de Cannes, seul à bord de son bateau à voiles, le *Firecrest* – une coquille de noix de 12 mètres de long –, pour aller affronter l'océan Atlantique. Le 10 septembre suivant il se trouvait en vue des côtes américaines – la première traversée de l'Atlantique en solitaire d'est en ouest valut à Gerbault d'être célébré en héros. Il rédigea et publia aussitôt les détails de son exploit qui, malgré l'absence des médias dont nous disposons aujourd'hui, fit un triomphe en librairie, et le sacra aventurier de rêve. C'est lui qui fend les flots à la rame, coiffé d'un bonnet à pompon, sur une planche du catalogue du Louvre.

**1925. Catalogue du Printemps.** *Jouets en vedette : les Fratellini, Napoléon et la 5 CV Citroën.*

Mais l'esprit de conquête ne se limitait pas aux prouesses réalisables, il englobait les explorations imaginaires. En 1923 encore – une année fertile – un astronome vulgarisateur, Théophile Moreux, publia un livre à grand retentissement qui n'était ni plus ni moins qu'un guide de la Lune : *L'Étude de la Lune*. Aussi, au mois de décembre, le Bon Marché installa à l'entrée de ses magasins une attraction intitulée « À la conquête de la Lune », et son catalogue des étrennes de 1924 se fait le reflet des excitations du moment, avec un ballon et sa nacelle parvenus à la portée de l'astre blanc. Cette année-là les magasins ont tellement intégré Noël comme un moment de cadeaux – et par conséquent les semaines qui précèdent Noël – que le Printemps et le Louvre impriment la date des deux années : « 1923-1924. » Le Louvre ne met même plus le mot « étrennes », seulement « jouets ». Et cette fois-ci c'est le Printemps qui présente des Noirs, fille et garçon, sous le truchement d'un « jazz-band d'enfants » ; c'est la mode naissante de ces airs exotiques qui vont bouleverser les habitudes musicales et les goûts des Français : ici le jouet est à l'avant-garde.

Le cinéma, à présent, passionne les foules – en 1924 le Printemps a choisi comme effet d'annonce un appareil de projection, « Cinéma chez soi », pouvant projeter « des films du commerce » – on utilise le mot « film », et plus du tout « bande » comme avant la Grande Guerre. Le dessinateur du jazz-band de l'année précédente a produit habilement cette année une danseuse enfant et quatre autres petites filles – ce sont en réalité les poupées proposées par le catalogue. Elles sont de manière ambiguë devenues actrices… L'appareil coûte tout de même la somme rondelette de 295 francs – et encore ce sont des francs terriblement dévalués. Car à partir de 1916 et des sommes colossales qu'exigeait l'effort de guerre, le système monétaire, avec son équivalence en or, qui demeurait inchangé depuis le XIXe siècle, s'est brisé. Une inflation galopante atteint 200 %, et la vie deviendra très chère…

Ce qui est remarquable c'est que dans la période 1925-1926, le style des images change brusquement dans la présentation des magasins de jouets. Presque tous font peau neuve quant à leur écurie de dessinateurs – le style Art déco, simplifié à outrance, s'impose –, sauf au Louvre qui semble conserver davantage une tradition figurative. Tout se passe comme si les enfants nés

**1923/1924/1925.**
**Catalogues du Printemps.**
*En 1923 le jazz s'étale en couverture, le cinéma chez soi fait la une en 1924, puis l'année suivante, « nouvelle innovation », l'escalier roulant pour monter plus vite au rayon des jouets.*

**1926. Catalogue du Bazar de l'Hôtel de Ville.**

*Dessinée par Grün la lettre devient image.*

durant la guerre – ils ont entre sept et onze ans en 1925 – devenaient sensibles à la schématisation des formes et des couleurs.

La belle couverture du Printemps présente de manière stylisée ce qui doit être le début des escaliers roulants, une attraction en eux-mêmes: « Deux minutes pour aller en s'amusant au Paradis des jouets », dit l'annonce tentatrice. La modernité des moyens s'accorde avec le modernisme de la nouvelle figuration. Il doit se dégager de cette image, pour un jeune enfant d'alors, le sentiment que le monde n'est plus, et ne sera plus comme avant. Peut-être s'ajoutait-il pour les adultes la notion que le progrès mécanique – le Progrès tout court – était entré dans une phase irréversible et du reste infinie, qui verrait la paix éternelle s'installer, sinon sur le monde, du moins en Europe. L'idée, je crois, pour l'enfance et la jeunesse, est que le monde ne serait plus jamais méchant.

À partir de la fin des années 1920, et durant les années 1930, beaucoup de jouets reproduisent des personnages de fiction créés ailleurs, par les albums illustrés ou dans le monde du spectacle. Le cirque avait alors une place très grande dans les distractions enfantines, et les clowns partageaient même chez les adultes la célébrité des vedettes de la chanson. Les frères Fratellini, très admirés, firent l'objet de représentations sous la forme de « jouets artistiques mouvementés », vendus séparément, parfois en passe-boule. Il en fut de même pour Charlot ou pour Harold Lloyd, propulsés par le cinéma dès 1925, date de la sortie de *La Ruée vers l'or* et *Monte là-dessus*, respectivement… La série dessinée par Alain Saint-Ogan, *Zig et Puce*, fit merveille, ainsi que *Bicot* dont les aventures constituèrent des bandes dessinées à grande diffusion.

**1927. Catalogue du Printemps.** *Cette année, ce qui compte c'est aller toujours plus vite.*

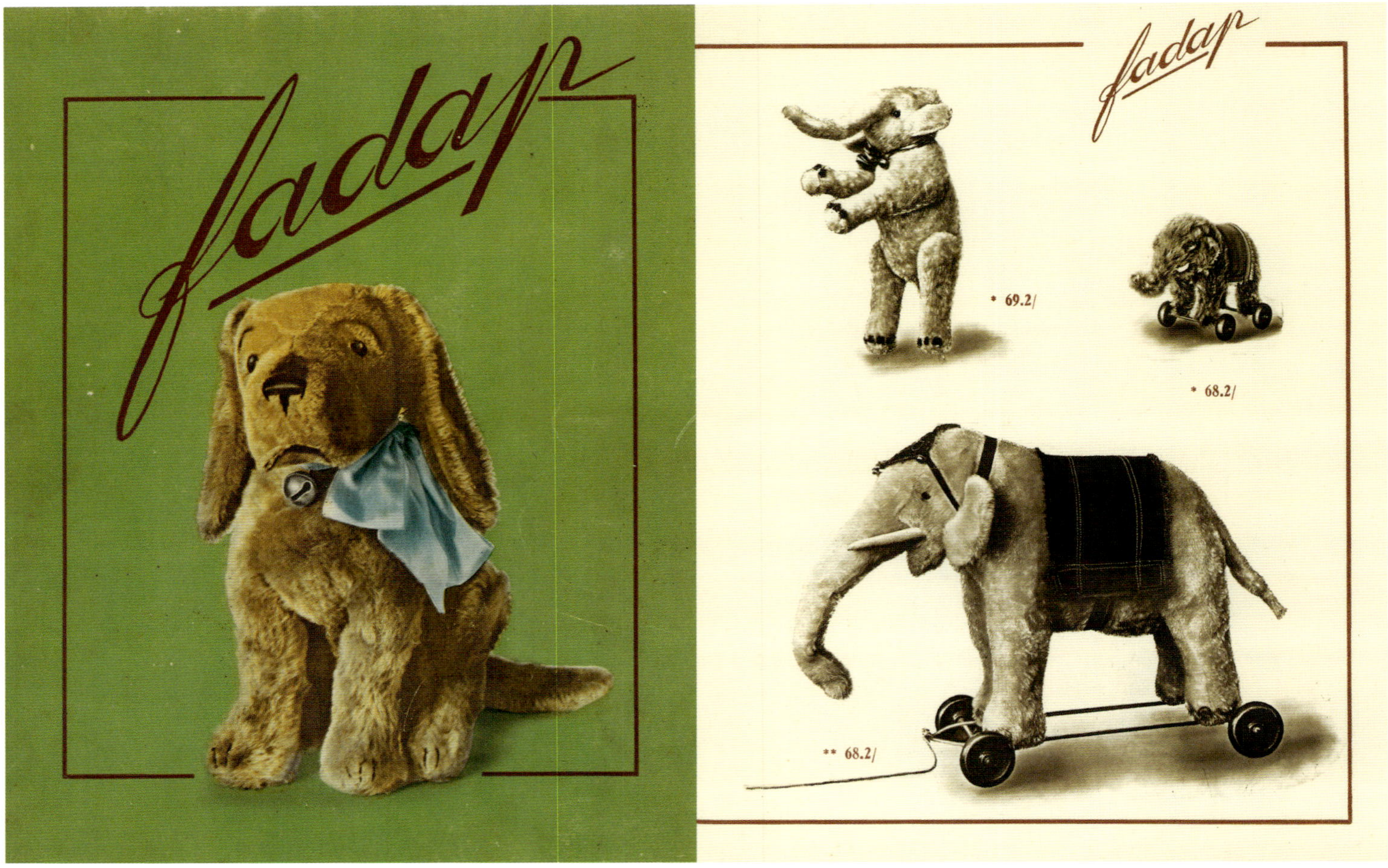


**Années 1930. Catalogue Fadap (Fabrication artistique d'animaux en peluche).** *L'entreprise était à l'époque, avec la marque Pintel, le plus important fabricant français d'ours en peluche.*

*fadap*

* 57.2/

* 54.2/

** 57.2/

**1926/1927/1928. Catalogues du Printemps.**

*Les couvertures font la place belle à la bande dessinée. Bicot de Martin Branner croise Zig et Puce, les héros d'Alain Saint-Ogan.*

Les aventures exotiques avaient naturellement la faveur de la jeunesse. Parmi les albums à succès *les Aventures de Nestor Fenleroc*, de Louis Peltier, titillaient la fibre des amateurs de « sauvages » – plus précisément *Les Grandes Chasses de Nestor Fenleroc en Afrique*, ou *Bamboula au village*. En 1930, le Printemps offre un montage de « Nestor Fenleroc au pays des Mangeurs d'hommes », avec en couverture du catalogue deux grands diables noirs inquiétants, vêtus de pagnes et porteurs de sagaies.

La mode, en effet, était aux cannibales ! Était-ce précisément l'influence de la BD de Louis Peltier, ou simplement la tendance sensationnaliste ? Lors de l'Exposition coloniale de 1931, qui s'ouvrit au bois de Vincennes, on présentait des « indigènes » dans le style de ceux du Printemps. Un zoo humain était installé au Jardin d'acclimatation en annexe du pavillon de la Nouvelle-Calédonie. Des Canaques « anthropophages » – donc forcément amateurs de chair blanche ! – étaient présentés *in situ* : 91 hommes et 14 femmes et enfants taillant des troncs d'arbres et poussant des cris de bêtes pour donner le frisson aux visiteurs crédules. En fait, ces fameux cannibales étaient des employés ou des garçons d'hôtel de Nouméa que l'on avait abusivement engagés pour jouer cette mascarade « culturelle », en échange d'une visite de la capitale.

J'ai eu des échos directs de cette exposition coloniale : ma mère, alors employée de bureau à Paris, l'avait visitée avec une copine. Quelques années plus tard, à la campagne, elle me racontait avec un émerveillement circonspect les scènes époustouflantes auxquelles elle avait assisté. Ainsi ma petite enfance a été bercée du récit d'hommes minuscules, armés de lances, que l'on appelait des Pygmées, et de femmes noires aux poitrines nues dont la lèvre inférieure distendue s'avançait devant leur visage ; pour cela on les appelait des « négresses à plateau ». Tous ces gens que me décrivait ma mère étaient d'authentiques « sauvages » – l'Afrique se trouvait peuplée de ces tribus qui portaient avantageusement un os dans leurs cheveux en guise de

**1930. Catalogue du Printemps.** *Nestor Fenleroc de Louis Peltier, un autre héros pour enfants.*

**1930. Catalogue du Nain Bleu.**

*Des nombreux magasins de jouets aux noms mystérieux, Au Polichinelle, Vampire, À la Poupée de Nuremberg ou Au Calife de Bagdad, seul a survécu Le Nain Bleu. L'enseigne, fondée en 1836, est installée depuis 1912 au 406-410 rue Saint-Honoré. Il semble en y pénétrant que les heures s'écoulent ici plus doucement qu'ailleurs.*

Racer mécanique.
Cuirassé.
Ane à bascule.
Charrette.
Coq roulant
et poule pondeuse.
Camion chargé.
le paon solennel
faisant la roue
Celles-ci présentent, sans plus,
L'aspect de gras bébés joufflus ;
Celles-là, les yeux en amandes,
Affectent un regard moqueur,
Ayant (comme d'autres, plus grandes)
Du son à la place du cœur.
La petite
modiste.
16
17

Crocodile mécanique.
Seau garni.
Chien en peluche.
Ane à roulettes.
il décide de bâtir
un palais splendide
Le bon petit Nain Bleu décide,
Répondant aux moindres souhaits,
De bâtir un palais splendide
Rempli de jeux et de jouets.....
Impossible qu'on énumère
Voiture de poupée.
Aviateur
en parachute.
Voilier.
Citroënnette.
Tombereau.
12
13

**1929. Catalogue des Galeries Lafayette.** *La couverture de l'année est confiée à Cassandre, l'affichiste de L'Étoile du Nord et de Dubonnet.*

**1930 Catalogue des Trois Quartiers.**
*Avant de devenir le directeur artistique du Harper's Bazaar, Alexei Brodovitch séjourne à Paris où il signe cette couverture Art déco pour le magasin du boulevard de la Madeleine.*

parure, et dansaient sans fin au son du tam-tam… À cinq ans je redemandais souvent ces descriptions fantastiques qui me tenaient lieu de contes, dans l'admiration des prodiges que ma mère avait connus et qui guideraient peut-être un jour mes voyages. Je sentais bien toute la splendeur de la géographie – et je comprends parfaitement que Nestor Fenleroc ait joui jadis d'un tel succès.

Par contraste avec ces existences quasi « préhistoriques », la vie des Blancs devenait, dans les années 1930, de plus en plus rigolote et enviable… Les femmes avaient les cheveux courts et les idées larges – les poupées aussi –, les chansons amusantes de Georgius, de Maurice Chevalier entretenaient une humeur volage, le jazz inspirait Charles Trenet et faisait danser la jeunesse dorée. Tout cela concourait à établir un monde merveilleux, où l'électricité faisait des bonds en avant, à la ville comme à la campagne.

Ce qui distingue peut-être le mieux les catalogues de la décennie 1930, c'est l'art avec lequel les fêtes du jouet y sont présentées. Les grands magasins rivalisent pour offrir au public adulte ou enfant les dessins les plus séduisants, dans lesquels fleurit le style Art déco. La superbe couverture des Galeries Lafayette, aux couleurs pastel, avec son Père Noël stylisé voguant au creux d'un nuage dans le ciel étoilé, est une merveille du genre. Elle est due à l'un des plus grands graphistes de l'entre-deux-guerres : Cassandre. D'origine ukrainienne, Adolphe Mouron (1901-1968), peintre, affichiste et décorateur de théâtre, fut l'un des fondateurs

**1930. Catalogue du Bon Marché.**

*Des avions magnifiques et des gratte-ciel roses comme en Amérique où les villes debout pouvaient loger des populations fabuleuses.*

*Page de droite et suivantes: Ce remarquable catalogue reproduit sur plusieurs pages, pour les filles des poupées à presque tous les prix et pour les garçons des jouets mécaniques élaborés comme un téléphone avec sonnerie.*

marquant du graphisme moderne, ou, selon les termes de Blaise Cendrars, son ami: « Un des plus fervents animateurs de la vie moderne. » Il est l'auteur, en effet, d'une publicité qui recouvrit les murs et les frontons de France pendant des dizaines d'années, la fameuse silhouette en trois plans: Dubo-Dubon-Dubonnet qui vantait l'apéritif du même nom. Désenchanté par les blocages et dérangements causés par les troubles de 1968, Cassandre prévoyait le pire: Mouron mit fin à ses jours.

Le Bon Marché présentait justement en 1930 des avions magnifiques et des gratte-ciel roses, comme en Amérique où les villes debout pouvaient loger des populations fabuleuses dans des bâtiments de béton armé grêlés de fenêtres sur l'avenir… Le reflet de cette aisance de vie apparaît dans les pages du catalogue de la maison Boucicaut dont la page 7 est entièrement occupée de jouets mécaniques élaborés: des automobiles, des camions, des trains, des phonographes – il y a même un téléphone: « deux postes reliés et sonneries »… La page 3 étale des poupées à presque tous les prix.

La plus belle, de 58 centimètres, vêtue de soie, vaut 175 francs et s'appelle Nénette: « Marcheuse, parlant et envoyant des baisers… yeux dormeurs à cils, cheveux naturels. » C'est de là que ma chère tante, qui était jeune et jolie fille, avait tiré son nom, sans doute!… Je m'en rends compte à présent; la Tata Nénette de mes jeunes années, qui était riante et dégageait un parfum tendre et subtil, avait abandonné son prénom d'enfance. L'authentique, Victoria, dans les bureaux de Paris, sentait trop pour lors la ruralité vieillotte et pesante – y a pas de honte, elle s'était rebaptisée Nénette au Bon Marché…

Clairement 1930 apportait une nouveauté en page 1 dans le parc des animaux en peluche. Parmi les chiens, le mouton, le lapin, qui sont des bestioles transitionnelles – comme on dit en psychologie de l'enfant –, est assis un ours orné comme ses confrères d'un ruban autour du col; il a perdu tous ses attributs menaçants, son museau s'est réduit aux proportions d'un nez de chat – c'est là qu'il devient « nounours » sans doute, encore que le mot ne soit pas formellement attesté.

AU BON MARCHÉ
PARIS
FO-19310. Stand 3.
« Suzette ». Grande POUPÉE tissu bourré, tête expressive, robe feutre, application, ton opposé. Hauteur 0m65 . . . . . . . . 29.
FO-19311. Stand 4. EXCLUSIF. Jolie POUPÉE étoffe, habillage soie, garniture broderie, nœud dans les cheveux. Haut. 0m58. 31.
FO-19315. Stand 26. BOITE de JOUETS assez importante, pour garniture d'arbre de Noël, loterie, tombola. 15 jouets 26. 25 jouets 39.
FO-19317. Stand 26. CAISSETTE surprise, en bois, garnie de jouets pour arbre de Noël. 36 jouets. 14. 50 jouets. 19. 100 jouets. 30.
FO-19313. Stand 22. Grand LAPIN assis, jolie peluche. Hauteur 0m53. 33.
FO-19316. Stand 22. CHAT peluche mohair, assis, miaulant. Hauteur 0m22. 27.
FO-19314. Stand 25. CANARD roulant, jolie peluche multicolore. Haut. 0m22. 21.
FO-19318. Stand 25. OURS peluche, monture métal doré, roues bois, collier cuir et chaîne. 0m38 × 0m50. 62.
FO-19323. Stand 22. CHIEN épagneul assis, belle peluche, à cris. Haut. 0m30. 45.
FO-19320. Stand 25. MOUTON recouvert peluchette de laine, monture métal doré. roues bois, 0m36 × 0m40. 29.
FO-19319. Stand 22. FOX, peluche de laine blanche, tacheté, tête mobile actionnée par queue, criant. Hauteur 0m30. 54.
FO-19321. Stand 25. EXCEPTIONNEL. CHIEN Saint-Bernard, belle peluche, sur roues, monture métal. 0m40 × 0m36 36.
FO-19312. Stand 22. EXCEPTIONNEL. OURS peluche fine, tête mobile, à cris. 0m30 13.50 0m35 16.50 0m40 23. 0m45 28.
FO-19322. Stand 25. EXCEPTIONNEL. CHEVAL feutre, harnachement cuir, monture métal, roues bois. 0m42 × 0m36. 49.

AU BON MARCHÉ
PARIS
FO-19330. 2e étage. TOILETTE réservoir à eau, glace, 6 tiroirs, cuvette faïence. 0m75. 280.
FO-19331. 2e étage. GRAND LIT, tiroir garni, matelas, traversin. Longueur 0m85. 138.50
FO-19324. Stand 13. BUFFET ÉTAGÈRE pour enfant, en bois laqué décoré. Hauteur 0m72. 125.
FO-19328. 2e étage. GRAND FAUTEUIL boules en bois, décoré, avec coussin. Hauteur 0m55. 75.
FO-19325. 2e étage. BUREAU-PUPITRE pour enfant en bois laqué décoré, 2 tiroirs. Long. 0m75. 165.
FO-19332. 2e étage. BIBLIOTHÈQUE pour enfant, en bois décoré, 2 portes. Haut. 0m95. 199.
FO-19327. 2e étage. TABLE RONDE à tiroir, pour enfant, bois laqué décoré. Haut. 0m48. 90.
FO-19326. 2e étage. COFFRE à jouets, en bois laqué décoré. Longueur 0m70. 145.
FO-19329. 2e étage. FAUTEUIL crosse, fond bois décoré. Hauteur 0m53. 55.
FO-19333. Stand 2. Joli BÉBÉ marcheur, habillage soie, garnie petit galon et fleurette feutre, application chapeau assortie, tête incassable, pouvant se laver, parlant par renversement. Hauteur 0m42. 65.
FO-19335. Stand 6. POUPÉE bourrée, tête nouvelle pâte, yeux verre, disant maman par renversement, robe et bonnet mousseline. Hauteur 0m40. 54.
FO-19334. Stand 4. « Monique ». Très jolie POUPÉE en tissu bourré, habillage drap, chapeau assorti, se déshabillant, teintes variées. Hauteurs : 0m38 39. 0m48 56. 0m58 69.
C'est « AU BON MARCHÉ » seulement que vous trouverez, Madame, le plus grand choix, la meilleure qualité, les plus bas prix, la plus grande complaisance.
FO-19336. Stand 5. BÉBÉ MARCHEUR chemise, jolie tête biscuit, dormeuse à cils, perruque thibet fin, envoyant des baisers. Haut. 0m52.. 55. Modèle plus soigné, marchant, envoyant des baisers et parlant. Haut. 0m56 .. 145.
FO-19337. Stand 3. « Gisèle ». POUPÉE bourrée, tête incassable, dormeuse, costume feutre applications, disant « Maman ». Exceptionnel. Hauteur 0m42.. .. 19.50
FO-19338. 2e étage. LANDAU de poupée, pliant, caisse moleskine craquelée, guidon et compas nickelés. 59.
FO-19339. Stand 3. BÉBÉ tête incassable lavable, yeux fixes, habillé et chapeau. Hauteur 0m32. 19.50
FO-19341. Stand 3. POUPÉE en tissu bourré, habillée. Hauteur 0m40. EXCEPTIONNEL. 13.
FO-19340. Stand 3. « Le Bambino ». POUPÉE bourrée, habillage cretonne fantaisie, pouvant s'asseoir. Hauteur 0m37. 11.50
2

AU BON MARCHÉ PARIS

ES-42947. **LAYETTE 10 pièces,** pour bébé caractère.

| 4 | 6 | 8 |
|---|---|---|
| 30. | 34. | 38. |
| 10 | 11 | 12 |
| 42. | 46. | 50. |

ES-4222. **PYJAMA** cretonne imprimée, orné fileté uni.

| 4-5-6 | 7-8-9 | 10-11-12 |
|---|---|---|
| 14. | 16. | 18. |

**PARURE NANSOUK** blanc, garnie dentelle.

| | 4-5-6 | 7-8-9 | 10-11-12 |
|---|---|---|---|
| ES-42930. La chemise de jour. .. | 2.50 | 3.50 | 4.50 |
| ES-42931. La culotte. | 1.90 | 2.50 | 3. |
| ES-42933. La combinaison. | 3.50 | 4.50 | 5.50 |

ES-42939. **COSTUME,** tricot rose crevette pour bébé caractère, avec polo assorti.

| 4 | 6 | 8 |
|---|---|---|
| 8. | 9.50 | 11. |
| 10 | 11 | 12 |
| 12.50 | 14. | 15.50 |

FO-19342. *Stand* 2. **"Monette". Jolie POUPÉE** marcheuse, parlant et envoyant des baisers, riche habillage soie, chapeau assorti, tête biscuit, yeux dormeurs à cils, cheveux naturels. *Haut.* 0m58 .. .. .. .. **175.**

FO-19344. *Stand* 6. **NOUVEAU-NÉ** tête pâte, robe baptême, lingerie fine, corps étoffe bourré, disant " maman ", sucette, *haut.* 0m31. **25.**

FO-19343. *Stand* 4. **"Francette". Jolie POUPÉE** tissu bourré, habillage feutre application, tête expressive, lavable, perruque fine. *Haut.* 0m47. **49.**

ES-42937. **PÈLERINE** caoutchoutée, damiers noir et blanc.

| 4-5-6 | 7-8-9 | 10-11-12 |
|---|---|---|
| 8.50 | 12.50 | 16. |

ES-42942. **MANTEAU** nubienne de laine, ciel ou rose.

| 4-5-6 | 7-8-9 | 10-11-12 |
|---|---|---|
| 22. | 25. | 28. |

ES-42943. Le chapeau assorti.

| 4-5-6 | 7-8-9 | 10-11-12 |
|---|---|---|
| 12. | 13. | 14. |

ES-42940.

ES-42938. **BURNOUS,** tissu des Pyrénées, garni biais de satin piqué.

| 0m30 | 0m40 | 0m50 |
|---|---|---|
| 15. | 18. | 21. |

ES-42940. **ROBE** popeline rose, col et biais blancs.

| 4-5-6 | 7-8-9 | 10-11-12 |
|---|---|---|
| 10. | 11. | 12. |

ES-42941. Le chapeau assorti.

| 4-5-6 | 7-8-9 | 10-11-12 |
|---|---|---|
| 9.50 | 10.50 | 12. |

FO-19345. *Stand* 4. **POUPÉE** en tissu bourré, habillage robe feutre application. *Haut.* 0m48. **32.**

FO-19346. *Stand* 4. **"La Vénus". Jolie POUPÉE** tissu bourré, habillage drap, couleurs variées. *Hauteurs :*

| 0m39 | 0m47 | 0m55 |
|---|---|---|
| 32. | 42. | 54. |

FO-19347. *Stand* 4. **"Ouette". POUPÉE** en tissu bourré, lavable, articulée, habillage feutre. *Haut.* 0m41. **34.**

FO-19348. *2e étage.* **LANDAU poupée,** caisse bois, forme anglaise, peinture fine deux tons, capote et tablier moleskine, brancard tube nickelé. Longueur caisse, 0m56. **69.**

FO-19349. *Stand* 5. **BÉBÉ** incassable, chemise, entièrement articulé, yeux fixes, cheveux thibet fin. *Hauteurs :*

| 0m29 | 0m34 | 0m39 | 0m43 |
|---|---|---|---|
| 22. | 27. | 33. | 41. |

FO-19350. *Stand* 5. **BÉBÉ** radieux, tête incassable, dormeur, à cils, perruque fine, complètement articulé. *Haut.* 0m50 .. **45.**

3

AU BON MARCHÉ PARIS

FO-19384. *Stand* 29. **Réservé.** **ARCHE DE NOÉ** moderne, en bois laqué décoré, garnie nombreux sujets cartonnage décoré. *Long.* 0m50 **25.** *Long.* 0m56 **33.**

FO-19385. *Stand* 29. **Réservé. " Mon joli Cottage ". MAISON de poupée** en bois décoré, garnie meubles modernes . . . **62.**

FO-19386. *Stand* 29. **BASSE-COUR** en coffret, joli décor, sujets cartonnage. **29.**

FO-19387. *Stand* 32. **ÉLÉPHANT BLANC,** jouet mouvementé, en bois, à pousser, finement décoré. **25.90**

FO-19388 *Stand* 24. **« Le Teddy ". ACROBATE,** propulsion par moteur caoutchouc. **16.75**

FO-19390. *Stand* 32. **CHARIOT** en bois décoré chien, avec flèche pour traîner. *Longueur* 0m30. . . **18.50**

FO-19389. 2e *Etage.* **PUPITRE et CHAISE PLIANTE** en bois verni. **69.**

FO-19392. *Stand* 31. **AUTOMOBILE TORPÉDO,** en bois laqué, à traîner. *Longueur* 0m39. **8.90**

FO-19393. *Stand* 32. **Réservé. LA MAISON DU BERGER,** bois décoré, roulant, berger et chien bois, 8 moutons recouverts lainette, 0m32×0m25 . . . . . . **25.**

FO-19391. 2e *Etage.* **Exceptionnel. CHAISE de poupée** pliante et roulante, bois laqué et décoré, tablette garnie cretonne fantaisie . . . . . . . **13.50**

FO-19394 *Stand* 27. **LAPIN pneumatique** sauteur, recouvert de peau naturelle. *Longueur* 0m19. **5.25**

FO-19403. *Stand* 32. **Réservé. VOITURE** en bois laqué, décor spécial, attelée chèvre. *Lg.* 0m57. **23.**

FO-19400 *Stand* 32. **Réservé. VOITURE paysanne** attelée oie en bois, décorée. *Long.* 0m47. **15.50**

FO-19397. *Stand* 31. **Réservé. AUTO-POMPIER,** en bois laqué, 4 pompiers articulés s'accrochant sur l'échelle mobile. *Longueur* 0m54. ***EXCEPTIONNEL*** . . **21.**

FO-19395. *Stand* 32. **VOITURE** canard, en bois décoré, à traîner. *Longueur* 0m33. . . . . . **7.90**

FO-19401. *Stand* 32. **AUTRUCHE galopante** en bois décoré, jouet à pousser, tête montée sur ressort, pattes articulées. *Hauteur* 0m27. **10.90**

FO-19398. *Stand* 27. **CANARD molleton,** roulant. *Longueur* 0m24. **7.90**

FO-19402. *Stand* 16. **FERME** en bois découpé, animaux et personnages décorés, en boîte cartonnage. **16.50**

FO-19404. *Stand* 31. **AUTOBUS** en bois laqué, à traîner. *Longueur* 0m55. **32.**

FO-19396. *Stand* 29. **ÉCOLE DE FILLES,** en bois verni, 7 sujets et accessoires. *Hauteur* 0m26. *Longueur* 0m41. . **31.**

FO-19405. *Stand* 31. **TOMBEREAU,** bois laqué, à bascule, avec chauffeur, à traîner. *Longueur* 0m47. . . . . . . . . . . . . . **21.**

FO-19399. *Stand* 27. **CARROUSEL, lapin, canard, chien,** à traîner, monture métal, tournant en roulant. **15.50**

FO-19406. *Stand* 24. **Nouveauté. SOURIS velours** roulante, propulsion gyroscopique. **6.25**

FO-19407. *Stand* 31. **Exceptionnel. TRAIN** en bois laqué, 3 pièces, à traîner. *Longueur* 0m67. . . . **11.50** **Grand modèle.** 3 pièces . . . **24.**

6

AU BON MARCHÉ
PARIS
FO-19414. Stand 24. AVION monté sur pylône, métal laqué, propulsion par moteur caoutchouc, frein d'arrêt. 26.
FO-19415. Stand 9. « Cellofil ». PARACHUTE, pongé du japon, avec aviateur. 33.
Avec torpille. . . . . . 25.
Modèle miniature . . 4.
GARAGE
FO-19408. Stand 23. Les Cabriolets CITROËN mécaniques, porte s'ouvrant. Longueur 0m34. 30. 0m42. 50.
FO 19409. Stand 24. GRAND GARAGE en métal laqué, avec 2 automobiles mécaniques type course et accessoires. 0m30 × 0 30. 55.
FO-19416. Stand 9. L'Oiseau de France. AVION démontable à moteur caoutchouc. Type avionnette. . . . . . . 26. Vedette. 35. Course 45. Record. 65. Grand Sport. 95.
FO-19417. Stand 9. Le Rapide aérien. DIRIGEABLE en aluminium décoré, actionné par hélice à moteur caoutchouc. Long. 0m41. 25.50
FO-19410. Stand 24. AUTOMOBILE conduite intérieure Renault, marche avant et arrière, malle, roue de secours, avec éclairage 2 phares avant, sans pile. Longueur 0m39. 69.
FO-19413. Stand 24. Dernière création. CABRIOLET 6 cylindres Renault. Automobile mécanique. Longueur 0m45. Capot ouvrant, moteur mécanique sous capot avec 6 cylindres fonctionnant, levier d'arrêt et de marche au ralenti, porte ouvrante, éclairage électrique intermittent avant et arrière, malle, pare-chocs, chauffeur, sans pile. 149.
FO-19412. Stand 23. AUTOMOBILE mécanique CITROËN formant camionnette, avec arrière mobile. Longueur 0m42 . . . . . . . . 42.
GARE
FO-19419. Stand 21. CHEMIN DE FER électrique sur rails, fonctionnant sur courant de 110 volts. 180. 200. Avec accessoires. 230. 280.
FO-19425. Stand 21. CHEMIN DE FER mécanique sur rails, voie de 0m033. 16. Avec accessoires, 0m033. 25 Autre modèle, plus soigné, voie de 0m035. 44. Avec accessoires, 0m035. 58.
FO-19418. Stand 21. CHEMIN DE FER électrique à trolley, marche avant et arrière L. R. Train marchandises. 325. Express P.-L.-M. Côte d'Azur. 425. Train bleu P.-O. Biarritz. 495. Train de luxe Flèche d'Or, locomotive munie du nouveau moteur électrique "Supra". Réduction exacte du train de luxe de la Compagnie du Nord. 450.
FO-19423. Stand 24. AUTOMOBILE mécanique torpédo, en métal laqué, avec chauffeur, système d'arrêt. Longueur 0m28. 25.
FO-19421. Stand 24. PHONOGRAPHE pour enfant, diaphragme à pavillon réflexe. Article très soigné, très bon fonctionnement. 120. Pochette de 3 disques, 6 airs 15.
FO-19420. Stand 24. PHONOGRAPHE pour enfant, diaphragme à aiguilles, très bon fonctionnement. 38. 55. 70.
FO-19429. Stand 24. AUTOMOBILE DE COURSE Bugatti, en métal laqué, mécanique, avec chauffeur. Longueur 0m34 . . . . . . . . 18.50
FO-19427. Stand 24. « Le Petit Livreur ». JOUET mécanique, propulsion par mouvement automatique. 0m21 × 0m18. . 11.50
FO-19430. Stand 24. Nouveauté. LE PATINEUR MÉCANIQUE, propulsion par mouvement automatique. 0m22 × 0m22. 21.
FO-19422. Stand 24. Le Gros Camionnage. AUTO COMMERCIALE bâchée, propulsion mécanique. Longueur 0m26 . . . . . . . . 17.50
GROS CAMIONNAGE
FO-19424. Stand 24. TÉLÉPHONE 2 postes reliés et sonneries . . 31.50 1 poste. . . . . 15 75 Modèle luxe 2 écouteurs. 59. 1 écouteur. 45.
FO-19426. Stand 14. MOTEUR A VAPEUR, chaudière horizontale, soupape de sûreté, lampe à alcool, etc. 41. et 49.
FO-19428. Stand 24. BATEAU A VOILE mâture pliante, lesté et garanti stable, bois verni. 0m35. 37. 0m40. 55. Autre modèle, bois laqué, 0m30. 17.50 0m36. 32. 0m45. 62.
FO-19431. Stand 14. BATEAU transatlantique, mécanique, laqué rouge et blanc. Longueur 0m27. . . . . . 31. — 0m34 . . . . . . 42.
7

**1934 Catalogue du Bon Marché.**

**1935 Catalogue des Galeries Lafayette.**

*Toute l'époque se trouve ici réunit. Laurel et Hardy, les stars du comique, le* Normandie, *les nouveaux garages Renault et un clin d'œil au chien blanc du couple Ric et Rac de l'illustrateur Paul Rab.*

En revanche un personnage hautement traditionnel a disparu totalement : Polichinelle ! Je ne retrouve aucune trace de lui après l'armistice. Il était pourtant là encore aux étrennes de 1913, au Printemps : figure emblématique des joyeusetés, c'est lui qui jouait du violon pour faire danser la ronde des poupées autour du globe. Il pointait aussi son nez, modestement, début 1914, dans le traîneau du Bonhomme Noël ! Non, j'ai beau chercher, Polichinelle n'est pas revenu du front – il est mort aux tranchées sans doute, et cependant son nom n'apparaîtra sur aucun monument ! Pas de commémoration pour le double bossu à gros boutons d'habit, qui faisait rire au XIX^e^ siècle, depuis si longtemps… *Pulcinella*, le personnage napolitain de la comédie italienne, fat, difforme et vantard, avait échoué en marionnette manœuvrée par des fils ; il parlait d'une voix aigrement aiguë – une voix de Polichinelle !… Il fut pendant plus de cent ans le symbole de la drôlerie bon enfant.

En réalité on le voit périr sur notre documentation : aux étrennes étonnantes de 1917 dessinées par Poulbot en 1916 pour le Bon Marché. Dans l'explosion scandaleuse de cet obus qui fait sauter les jouets, il y a bel et bien un polichinelle pâli, avec son tricorne et ses sabots. On ne l'a pas revu depuis… Au fond il ne pouvait subsister avec les autos, les avions, les cinémas qui sont tellement réalistes, les téléphones – et les tanks ! Adieu, adieu, Pulcinella !… Le monde est définitivement devenu sérieux.

Les couvertures deviennent épurées de manière particulièrement élégante, dans la mesure où les négociants font appel aux artistes graphiques les plus talentueux dans l'art relativement nouveau de l'affichage. La stylisation des formes conduisait à une grande efficacité du message, par le jeu des couleurs et la concision des mots, comme dans cette couverture parfaitement sobre du Bon Marché, en 1934, où le mot *Joie* éclate en résonance avec le mot *Jouets*.

**1935. Catalogue du Printemps.** *La modernité est aussi dans le graphisme.*

**1934. Catalogue Meccano.**

*Le* Livre Meccano *de 1934 présente la production réalisée par la filiale française dans sa nouvelle usine de Bobigny.*

# BOITE MECCANO "A"

## CONSTRUIT

**101 Modèles**

Pour débuter, il n'est pas besoin de choisir tout de suite une Boîte importante. Celle-ci suffit amplement ; et quand son possesseur aura construit les Bateaux, Machines à Vapeur, Grues, Chariots, Chevaux et Voitures, Balançoires, etc. qu'elle permet de réaliser, il aura déjà passé de belles heures d'amusement. Un Manuel pour la construction de 101 modèles est compris dans la Boîte.

Prix. . . . . . . . . Frs **30. »**

*Une Boîte Complémentaire Aa à Frs* 15. » *convertit la Boîte A en Boîte B.*

**AMUSANT - FACILE - INSTRUCTIF**

# BOITE MECCANO "C"

## CONSTRUIT

**333 Modèles**

Cette Boîte est déjà considérée comme celle des constructeurs expérimentés. Très en vogue, elle contient une grande variété de pièces avec lesquelles on peut monter de magnifiques modèles dont beaucoup assez importants : Leviers, Palans, Marteau, Grues à excavateurs, Perceuses, etc. Un gros Manuel d'Instructions illustré, décrivant 333 Modèles, est compris dans la Boîte.

Prix. . . . . . . . . Frs **60. »**

*Une Boîte Complémentaire Ca à Frs* 33. » *convertit la Boîte C en Boîte D.*

**LA MÉCANIQUE EN MINIATURE**

**1935. Catalogue Le Rapide.**

*Avec JEP, LR (pour Le Rapide ou Louis Roussy du nom de son fondateur) fut la grande marque française des trains jouets de l'époque.*

**1936. Catalogue Le Jouet de Paris.**

*Dépliant présentant les Trains Jep Forgeacier qui produisait également des soldats, des avions ou des jouets de plage.*

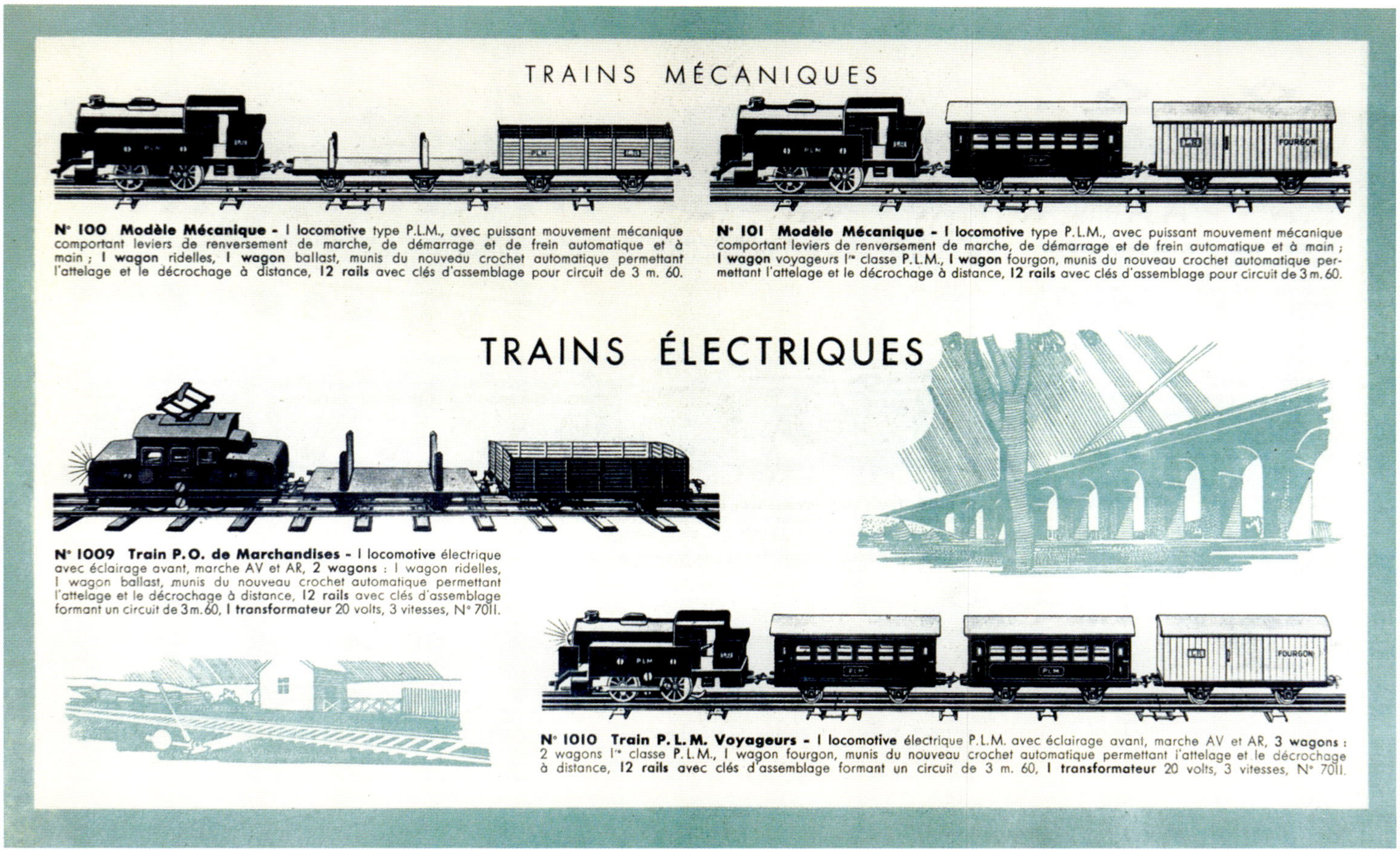


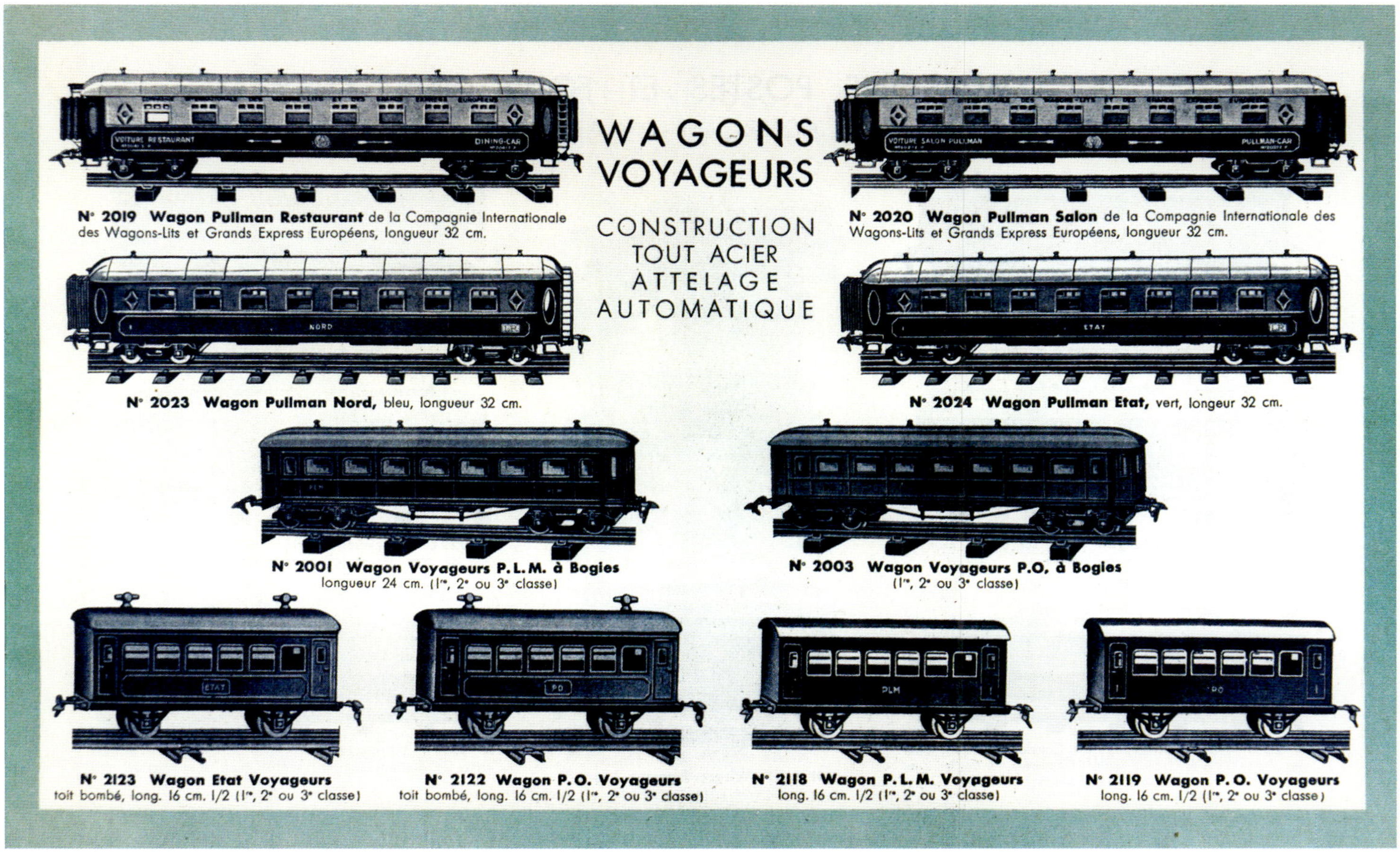


**1935. Catalogue Le Rapide.** *Fondée en 1926, la marque disparaîtra en 1956.*

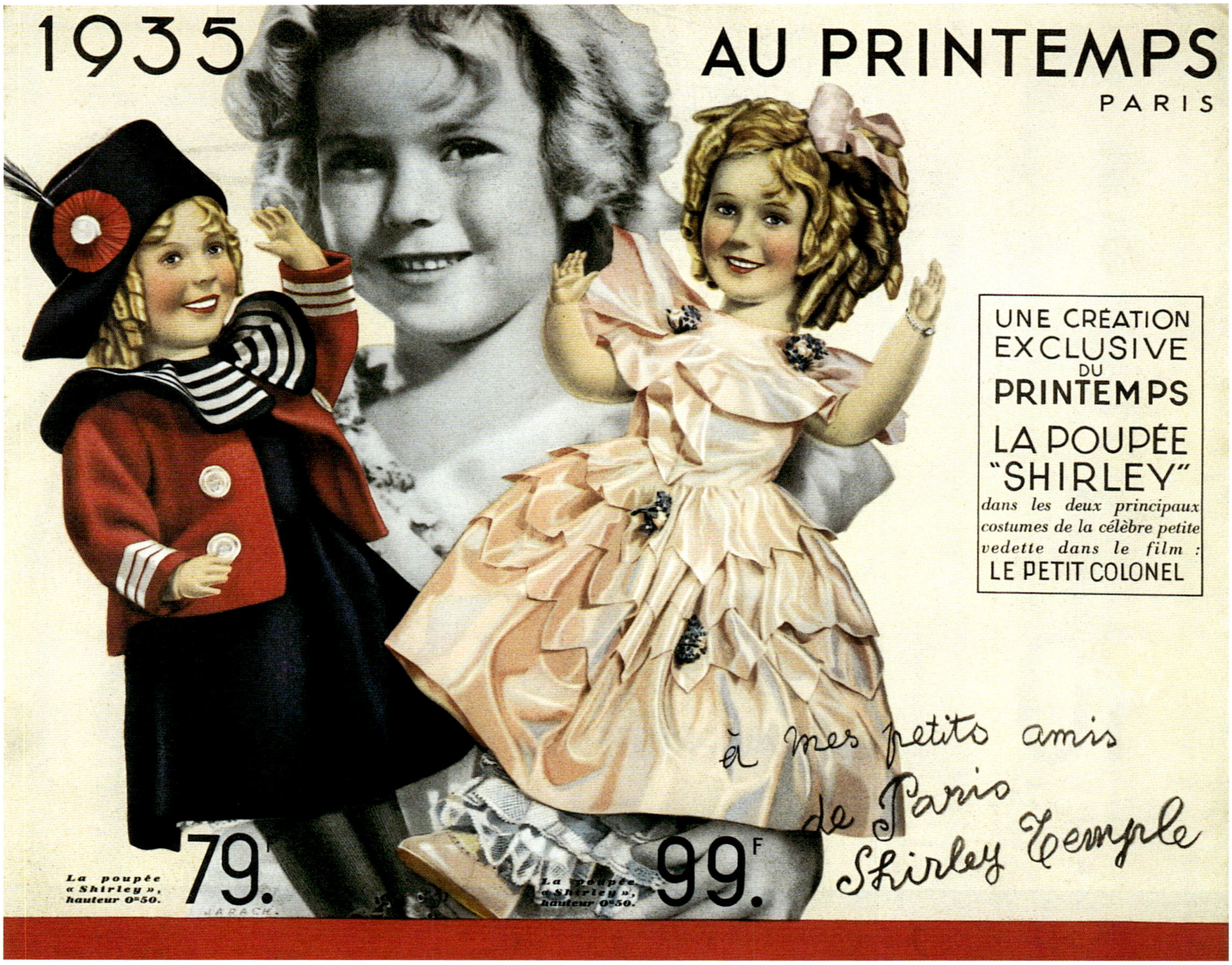


**1935. Catalogue du Printemps.**
*L'année de la sortie du* Petit Colonel, *la jeune actrice Shirley Temple est en couverture du catalogue, entourée des poupées à son effigie. Cette exclusivité Printemps est fabriquée par Raynal.*

Une autre caractéristique des années d'avant-guerre est la pénétration du cinéma dans le monde du jouet, avec la réutilisation des personnages vedettes. Par exemple Laurel et Hardy font l'objet d'un « passe-boule humoristique » aux Galeries Lafayette ; sur la même page le *Normandie*, paquebot ultra-moderne, assimilable à une immense vedette en 1935-1936 lors de son lancement, tandis qu'il battait les records de vitesse de sa catégorie avec 55 kilomètres à l'heure, donne lieu à un jouet « en bois sur roues, richement laqué et décoré ».

Pourtant la super-vedette entre 1934 et 1939 est tenue par la petite Shirley Temple, la fillette prodige qu'Hollywood rendit célèbre à l'âge de six ans. Petite Américaine sympathique, au visage rond et aux boucles blondes, Shirley respire la santé, si précieuse chez les enfants en ces périodes d'insalubrité, et elle rayonne de bonheur. Elle fut la vedette d'une quinzaine de films à succès en cinq ou six ans – ce qui lui laissait à peine le temps de grandir – dont *Le Petit Colonel* ou *Pauvre petite fille riche* restèrent longtemps dans les mémoires. Le monde des jouets récupéra bien vite l'étoile filante, et les poupées devinrent des répliques plus ou moins fidèles de Shirley Temple, comme sur le catalogue du Printemps de 1935.

Pendant ces mêmes années fastes du cinéma enfantin, les premiers dessins animés de Walt Disney se lancent à la conquête du monde habité. Popeye est présent sur les écrans dès 1934, de même que Mickey Mouse. En décembre 1936, quelques mois après les événements qui ont porté au pouvoir en France le Front populaire, le Bon Marché utilise une image chargée de sens secondaires : un bateau de fantaisie, battant fièrement pavillon français, plein de jouets, remonte le cours de la Seine dans une atmosphère de fête – la tour Eiffel rayonne en fond des clartés d'un feu

**1936. Catalogue des Galeries Lafayette.** *Avec les congés payés arrive la Vivasport Renault.*

**1937. Catalogue Petitcollin.**

*Créée en 1856 par Nicolas Petitcollin, la marque, identifiable par une tête d'aigle, continue de proposer encore aujourd'hui une très riche gamme de poupées.*

**1937. Catalogue Petitcollin.** *Outre ses baigneurs et ses poupées ethniques, la marque proposait de nombreuses poupées régionales.*

**1936. Catalogue du Bon Marché.**

*Mickey, Popeye et le Père Noël sont sur un bateau.*

**1936. Catalogue du Louvre.**

*Quand les jeunes filles se libèrent et arrivent aux sports d'hiver.*

d'artifice. Variante originale du traîneau traditionnel, le Père Noël tient la barre, Popeye en matelot jette l'ancre à la proue tandis que Mickey grimpe en vigie au mât de misaine pour découvrir Paris. L'association cadeaux de Noël et vacances populaires (les fameux congés payés) est symbolisée par l'acclimatation, sous les « trois couleurs » patriotiques, des héros américains qui représentent l'insouciance et la gaieté. Le même mois voit le Louvre présenter l'arrivée aux sports d'hiver d'une fillette portant des skis qui a toute la binette de Shirley Temple elle-même.

L'année suivante, en novembre 1937, le catalogue du BHV présente une voiture à pédales – évoluant très bizarrement sur une pente enneigée – avec au volant, de manière inattendue, une petite fille au lieu d'un garçon. Il semble y avoir ici une allusion à une autre sorte de vedettariat, celui des courses automobiles. Il y avait en ce temps-là une femme pilote de vingt-sept ans qui faisait parler d'elle sur les circuits : Simone de Pinet de Borde des Forest. Cette jeune fan du volant est probablement à l'origine de l'expression populaire « En voiture Simone » ! » – locution enrichie par la suite du correctif machiste : « C'est moi qui conduis ! »

Toujours fidèle aux événements cinématographiques le Bon Marché profite en 1938 de la sortie de *Blanche-Neige* pour en faire la couverture de son catalogue – les nains compris. Il s'agissait là d'une récupération des célébrités de l'écran au profit du jouet, au fond assez semblable à celle que suscita la télévision quelque vingt-cinq ans plus tard.

Après les années d'évasion, de rêve d'avenir et d'insouciance du lendemain, une dure réalité faisait tout à coup une irruption brutale : le second conflit mondial. Après la mobilisation générale, durant la saison d'attente passive de l'automne-hiver 1939-1940, les catalogues se replient entièrement sur le jouet ancien.

« Jouets. Étrennes. 1940 », précise la Samaritaine. Il s'agit bien du 1er janvier 1940, au moment de l'ennui sur la ligne Maginot, avec un dessin terriblement vieillot, démodé – on se croirait revenu en 1918 ! Un « vrai » Père Noël refait son apparition, avec un casque de poilu s'il vous

**1937. Catalogue du Bazar de l'Hôtel de Ville.** *Au volant de la voiture à pédales, Simone de Pinet, championne automobile.*

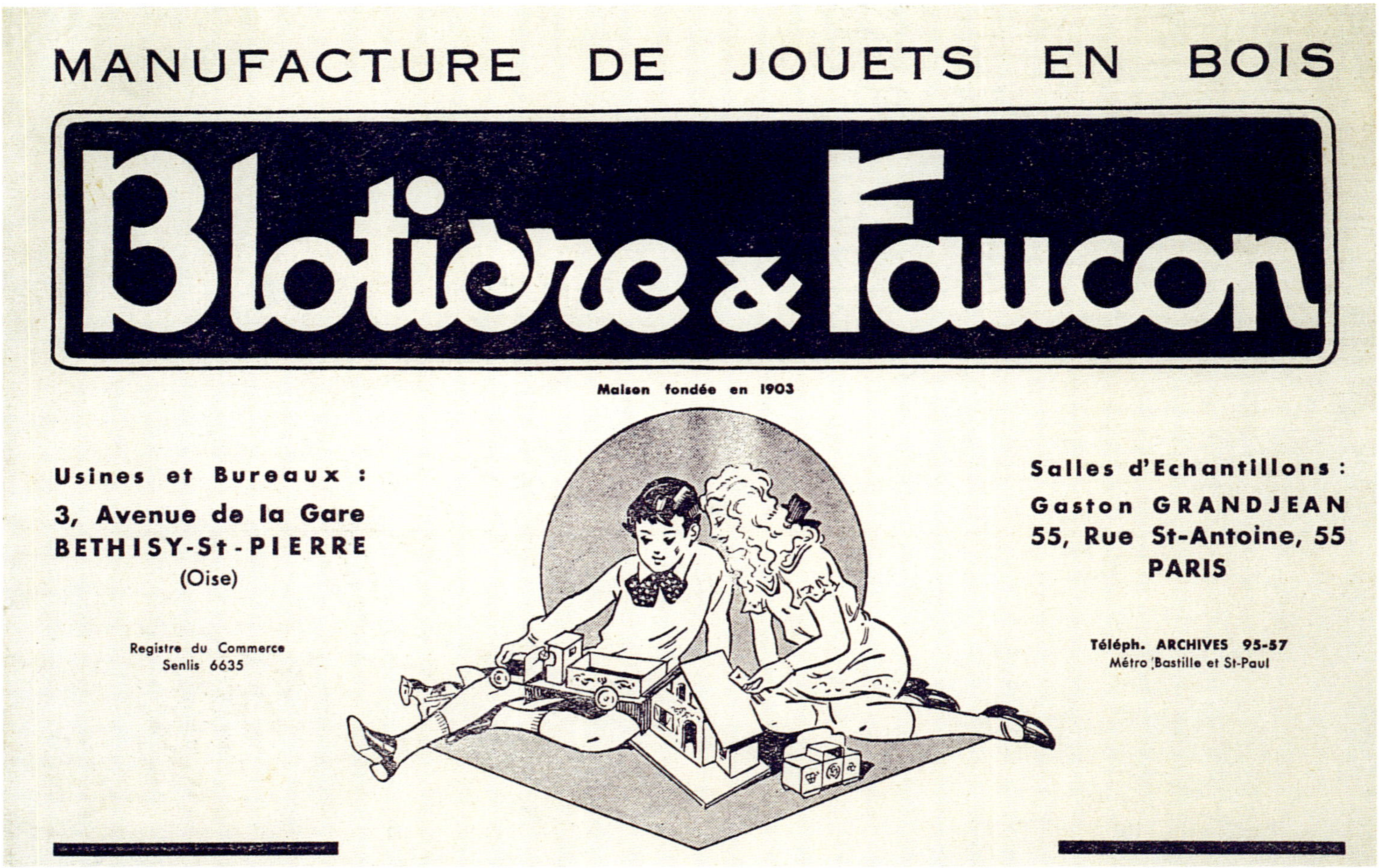


**1938. Catalogue Blotière & Faucon.** *Les années 1920 et 1930 connurent les formes douces des jouets en bois.*

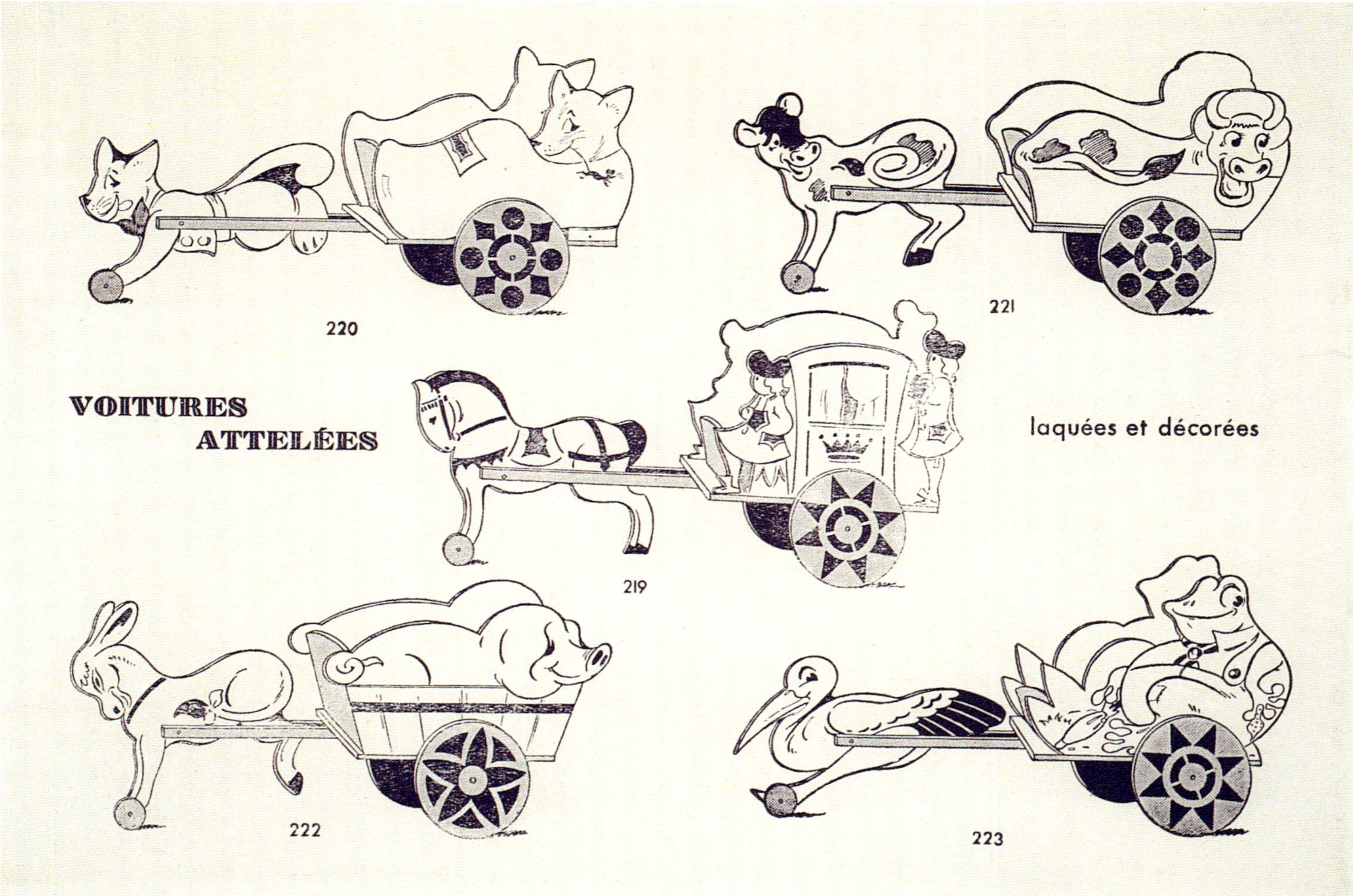

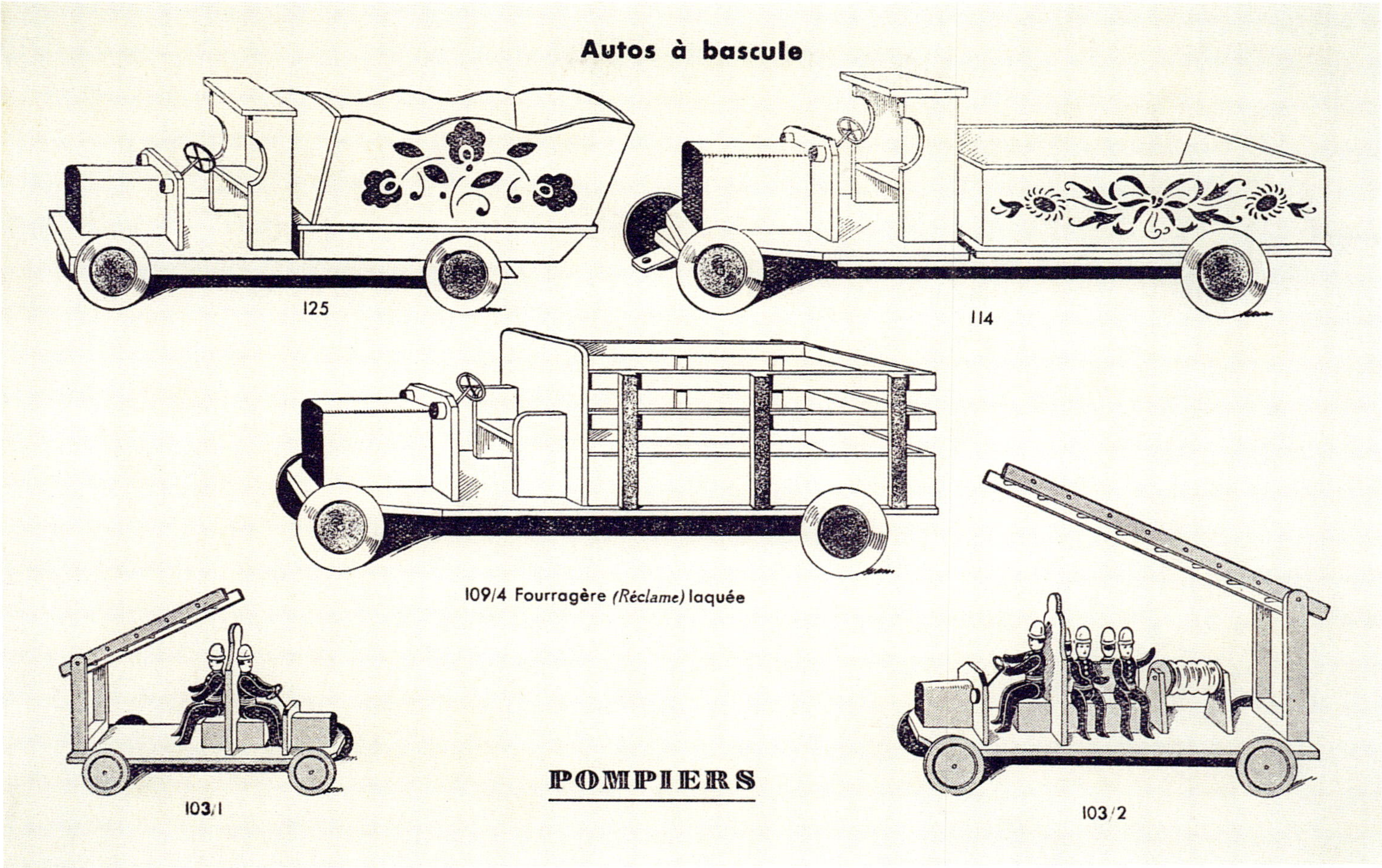
Autos à bascule
125
114
109/4 Fourragère (Réclame) laquée
POMPIERS
103/1
103/2

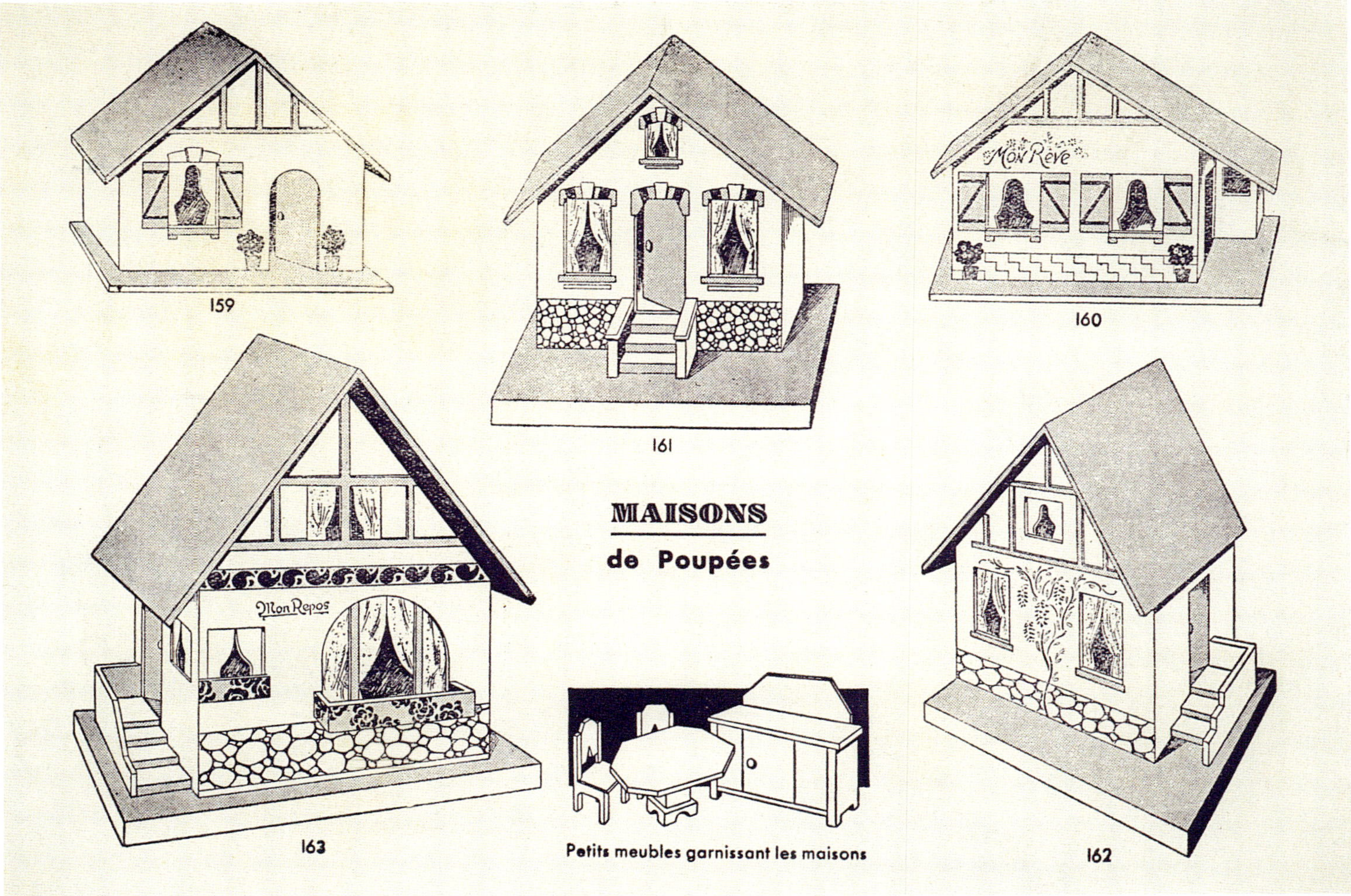
Mon Rêve
159
161
160
MAISONS
de Poupées
Mon Repos
163
Petits meubles garnissant les maisons
162

1-1
1-2
1/5 VÉLO MARQUE G. A.,
émail noir pour jeunes gens, roue libre, guidon 2 freins. 395,00
Idem., pour jeunes filles 445,00
1/6 VÉLO DE GARÇONNET,
émail noir avec décor, frein anglais, guidon trial 18.
250,00
Idem, fillette 265,00
Supplément pour émail couleur 10,00
1-7
1-5
1/1 BROUETTE "JOSCO"
(hêtre verni)
intérieur peinture rouge
(article fort).
39,50
Même série
24.50, 52.50 et 69.50.
1/2 CHARIOT A SABLE
"JOSCO", intérieur laqué rouge, extérieur hêtre verni, longueur 40 cm.
28,50
Même série
11.50, 17.50, 24.50 et 37.50.
Idem, Série Réclame depuis 8.50 jusqu'à 35.—.
1/3 CHEVAL BOIS,
sur planchette à roulettes
(belle exécution)
59,00
Même série
depuis 3.45
jusqu'à 79.—.
1/4 CHEVAL CARTON,
roulettes bois (fabric. forte)
32,50
Même série
17.50, 20.—, 39.50 et 65.—.
Idem, sur balançoire
36.50, 54.50 et 65.—.
Idem, double usage
49.50 et 59.50.
1-3
1-6
1-15
1-4
1-13
1/14 A
teintes assorties,
Long. 70 cm. 69
Modèles à 1
1/13 CHEVAL PELUCHE,
(teinte brune), 2 usages, article fort.
210,00 235,00 265,00
310,00 360,00
Idem, patte levée 295.— et 375.—.
1/15 AUTOMOBILE (grand modèle)
garde-boue et pare chocs peints, porte ouvrant
250,00
Mod. divers à 145.—, 185.— 225.—, 350.— et 42

**Années 1930. Catalogue des Galeries Anspach, Bruxelles.**

*À l'époque Edgar P. Jacobs, l'auteur de la série Blake et Mortimer, apporte son talent aux grands magasins bruxellois.*

**Catalogues du Bon Marché 1938 et 1939 et de la Samaritaine 1940.**

*Triomphe du* Blanche-Neige *de Walt Disney. Un an plus tard finies les années futuristes. La guerre est proche : retour aux jouets et aux images vieillis.*

plaît ! – un masque à gaz, une barbe et une hotte ! Avec des « joujoux » totalement ringards sous une neige piteusement réaliste. Les jeunes et talentueux dessinateurs sont tous mobilisés quelque part, à la frontière, alors on a confié les catalogues à des vieux de la vieille : il y a même, tenons-nous bien, un polichinelle rescapé qui surmonte la hotte ! Un revenant !… Au Bon Marché, qui avait passé d'un 1937-1938 absolument futuriste à un 1939 tout rose imprégné de cinéma bonbon, un canon de 75 refait surface, et des soldats en marche, sur une image vieillie où une petite fille songeuse (une poupée) manie les longues aiguilles avec ce commentaire à pleurer de tristesse : « Nous tricotons pour Eux ! »… Un désastre graphique et pictural !

Les choses vont en rester sur ce retour en arrière. La drôle de guerre déboucha soudain, au mois de juin 1940, sur une débâcle qui n'avait plus rien de comique. Le temps de revenir chez soi, après l'exode, de se réinstaller tant bien que mal sous la botte de l'occupant, dans la pénurie, les grands magasins n'eurent probablement ni l'humeur ni le temps de bichonner leur catalogue à partir d'octobre. D'autres chats à fouetter – sans compter la raréfaction du papier !

Toujours est-il que les documents font totalement défaut pour la période de l'Occupation, de fin 1940 à 1947 – ou bien ils sont si rares qu'il est pratiquement impossible de mettre la main dessus. Il faut penser, plus réalistement, que les distributeurs de jouets épuisèrent leurs stocks, continuèrent sans doute à écouler une production ralentie, comme toute chose à cette époque de rationnement, mais chichement, sans panache. Ils vendirent à l'occupant le petit jouet marrant, la poupée bien parisienne, à rapporter, *Ach so !* en souvenir de *Paris*, à la petite fille au logis de Germanie !… J'eus donc l'honneur, pour ma part, je crois bien, de recevoir des cadeaux dont le modèle avait pris corps sous le Front populaire !… On voit mal en effet ces établissements conquis proposer à notre enfance locale de jolies panoplies de la Wehrmacht ou d'élégantes tenues de la Gestapo !

**1939. Catalogue du Bazar de l'Hôtel de Ville.** *L'infanterie et la marine partent du même pas joyeux!*

# DU BABY-BOOM À BARBIE

## Période 1940-1980

**1950. Catalogue du Louvre.**
*Margery a dessiné une nouvelle version de la bûche de Noël qui évoque la fin des restrictions.*

Les catalogues de jouets sont aux enfants ce que les riches sont pour les grandes personnes. Moi qui ne suis pas un cinglé de l'égalité partout, qui suis content qu'il existe des pays chauds et des pays froids, j'aime qu'il y ait des gens très riches sur la planète. J'aime à contempler leurs outillages fastueux, leurs châteaux, leurs automobiles… S'il n'y avait pas de riches, qui aurait des Rolls-Royce, des Jaguar ?
J'adore voir glisser une Rolls dans la rue, c'est une œuvre d'art ambulante, qui se propose d'elle-même à nos yeux. Je me régale à contempler les vitrines des boutiques de luxe où tout est à des prix même pas affichables, je me plais à reluquer la façade d'hôtels cinq étoiles et à imaginer qu'ils sont équipés de salles de bains aux robinets en or…
Pour moi, je n'ai pas besoin de ces splendeurs. Si un fou pernicieux me donnait une Rolls, je la revendrais dans les trois jours ; avec l'argent j'irais faire un beau voyage… d'études ! Je descendrais dans des hôtels trois étoiles qui offrent des petits déjeuners nordiques avec des buffets chargés de bonnes choses. Peut-être aussi je changerais ma voiture pour une belle occasion, qui aurait peu de kilomètres au compteur et un moteur diesel. Je ne voudrais surtout pas être riche ! Avec des tas d'obligations onéreuses… Et sans aucun espoir de faire mieux. Mais si l'on veut rêver un peu, des riches, c'est comme les catalogues de jouets : il en faut !
Les jouets des catalogues sont des machines à s'envoler quelque part, ailleurs qu'à l'école par exemple. Dans des contrées magiques où les camions se conduisent d'une seule main. Ah ! le plaisir de conduire un camion si beau, si immense ! Un semi-remorque long comme un jour sans

**1947. Catalogue du Bon Marché.** *Bienvenue au village de M. La Fontaine.*

**1951. Catalogue du Comptoir général de la bimbeloterie.**

*C'est le retour de l'abondance. Dans un catalogue de 32 pages, ce grossiste, où se fournissent les bazars, propose des centaines de jouets riches en couleurs, en variétés, en formes et à petits prix.*

pain – ou est-ce qu'on dit *une* semie ? Et broum, broum… Faire une marche arrière avec une semie ? Il faut tourner le volant non pas dans le sens où l'on veut aller, comme sur un camion ordinaire, mais dans le sens inverse. Tourner à droite pour aller à gauche, et vice versa… C'est un coup de main à prendre, vous savez.

Moi, j'ai eu beaucoup de chance. Lorsque j'étais petit il y avait la guerre, et plus une seule goutte d'essence. Ça a fait mon bonheur, parce que mon père avait remisé la Citroën de type B12, qu'il conduisait avant la débâcle de 1940, dans un appentis en tôles contre le mur de notre grange. Il l'avait rehaussée sur cales, afin que les pneus ne se pourrissent pas… La Citroën était donc à moi, pratiquement – lui ne jouait jamais avec. Je m'asseyais à sa place, derrière le volant, et j'ai grandi là, d'année en année, jusqu'à ce que je puisse atteindre les pédales. Je faisais le bruit avec ma bouche, brrrr… pendant des heures et des heures. Je conduisais prudemment, ou follement, selon les jours. Je tournais le volant à toute vitesse, ou modérément, selon les contours de la route – comme les roues ne touchaient pas le sol, la résistance n'était pas grande. Les vitesses étaient au plancher, forcément, trois vitesses – la troisième s'appelait « la prise », je roulais en prise dans les plats et les descentes, en seconde dans les montées. J'ai traversé des tas de pays, parcouru des montagnes. En montagne il faut rudement faire gaffe à la conduite, freiner beaucoup dans les pentes raides et les virages en épingle à cheveux…
La B12 roulait à une vitesse moyenne d'environ 30 à 35 kilomètres à l'heure. J'ai passé un temps incalculable dans cette bagnole. Mais si l'on veut calculer un peu, il faut compter au moins cinq cents heures par an. Certains jours je n'y venais pas du tout – au cœur de l'hiver (les hivers furent terribles pendant la guerre). D'autres jours il m'arrivait de rouler cinq ou six heures ; avec juste une pause pour la tartine. Les vacances étaient presque entièrement consacrées à la voiture. En cinq ans, et même six, cela fait, disons, quelque chose comme deux mille cinq cents heures au volant. À 32 kilomètres de moyenne, nous atteignons un joli parcours : 80 000 kilomètres. J'ai fait deux fois le tour de la Terre avec la B12 – presque sans panne. C'était une bonne voiture, d'avant-guerre !

105 **POUPÉE,** masque incassable, corps bourré, jambes droites, robe et chapeau imprimé. c/m 25 30 35 40 45
La pièce **128. » 178. » 213. » 242. » 317. »**

111 **POUPÉE,** masque incassable, corps bourré, articulé, robe et chapeau imprimés garni rubans. La pièce 35 c/m **257. »** 40 c/m **298. »**

125 **POUPÉE,** tête incassable, membres plastique souples, habillage taffetas, entièrement lavable, 34 c/m. La pièce **339. »**

128 **POUPÉE,** tête incassable, yeux dormeurs, membres plastique souples, lavable, mains cellulo, robe garnie organdi, 40 c/m La pièce **798. »**

130 **POUPÉE,** tête incassable, corps bourré, yeux dormeurs, mains cellulo, robe joli imprimé, 35 c/m. La pièce **608. »**

135 **POUPÉE,** tête incassable, yeux dormeurs, corps bourré, mains cellulo, robe joli imprimé garni croquet, **voix maman** 40 c/m 45 c/m
La pièce **892. » 1.032. »**

258 **MIGNONNETTE,** tête biscuit, perruque fine, bras et jambes articulés.
La pièce 8 c/m **94. »** 12 c/m **149. »** 16 c/m **164. »**

262 **MIGNONNETTE,** incas. perruque fine, robe imprimée, 20 c/m La pièce **149. »**

290 **POUPÉE,** incassable, yeux peints, robe imprimée, imperméable plastique, sous pochette cellophane La pièce 26 c/m **216. »** 34 c/m **383. »**

360 **Même article,** yeux dormeurs, 35 c/m carton par pièce La pièce **559. »**

340 **POUPÉE,** tête incas., yeux peints, robe tissu imprimé et taffetas. 26 c/m 29 c/m
La pièce **210. » 255. »**

342 **POUPÉE,** tête incassable, yeux peints, robe taffetas et feutre, chapeau assorti, carton par pièce. La pièce 30 c/m **249. »** 35 c/m **318. »**

352 **POUPÉE,** tête incassable, yeux peints, robe et chapeau feutre garni tons opposés. c/m 27 30 34 37
La pièce **295. » 335. » 463. » 498. »**

345 **POUPÉE,** tête incas., yeux émail, robe tissu imprimé et taffetas 37 c/m 40 c/m
La pièce **467. » 543. »**

365 **Même article,** yeux dormeurs à cils La pièce **562. » 665. »**

368 **POUPÉE,** tête incassable, yeux dormeurs à cils, demi-articulée, robe imprimé: La pièce 45 c/m **1.054. »** 52 c/m **1.225. »**

468 **NOUVEAU-NÉ,** tête incassable, yeux peints, membres plastique souples, habillage taffetas, 32 c/m La pièce **324. »**

470 **NOUVEAU-NÉ,** tête incassable, yeux dormeurs, membres plastique souples, habillage taffetas, 37 c/m La pièce **533. »**

471 **NOUVEAU-NÉ,** tête incassable, yeux dormeurs, membres plastique souples, habillage taffetas, 48 c/m La pièce **842. »**

472 **NOUVEAU-NÉ,** tête incassable, yeux dormeurs, membres plastique, habillage organdi imprimé, 48 c/m La pièce **920. »**

485 **NÈGRE,** tête caractère négri, tout articulé.
c/m 9 11 15 20 25 30 40
La pièce **51. » 63. » 92. » 138. » 284. » 642. » 1.116. »**

1020 **BABY,** cellulo, jambes courbes tout articulé.
c/m 10 12 15 18 20 22
La pièce **50. » 60. » 82. » 104. » 115. » 151. »**

1025 **BABY,** cellulo jambes courbes, tout art., c/m 27 30 35 40 45
La pièce **289. » 339. » 498. » 698. » 890. »**

1030 **BABY,** cellulo demi-fort, yeux émail, jambes courbes.
c/m 30 35 40 45 50 55 60
La pièce **487. » 639. » 830. » 1.052. » 1.413. » 1.584. » 1.820. »**

1040 **BABY,** cellulo fort, jambes courbes, yeux émail.
c/m 40 45 52 57 63
La pièce **898. » 1.158. » 1.632. » 1.869. » 2.298. »**

1050 **BABY,** cellulo fort, mat, yeux émail avec cils, jambes courbes.
c/m 40 45 50 55 60
La pièce **1.198. » 1.469. » 1.879. » 2.327. » 2.667. »**

1055 **BABY,** cellulo yeux dormeurs avec cils, jambes courbes.
c/m 40 45 50 55 60
La pièce **1.452. » 1.718. » 2.132. » 2.592. » 2.934. »**

1058 **BABY,** cellulo yeux dormeurs et vacillants, jambes courbes.
**Bel article** c/m 40 45 52 57
La pièce **1.713. » 2.082. » 2.718. » 3.115. »**

**1951. Catalogue du Comptoir général de la bimbeloterie.** *Les baigneurs s'appellent Baby.*

| | | | |
|---|---|---|---|
| 20094 | **ANIMAUX,** matière plastique couleurs, hauteur 2 c/m 5 environ. 10 modèles. | La pièce | 6.75 |
| 20184 | **AUTOMOBILE,** mat. plast. couleurs, à mécanique | — | 71. » |
| 20185 | **AUTO** décapotable, avec personnage, coffre arrière ouvrant, mat. plast., à mécanique, long. 17 c/m | La pièce | 240. » |
| 20229/3 | **AUTO** « Gestop » en mat. plast. mécan., ne tombe pas. | — | 280. » |
| 20281 | **BAIGNOIRE** douche, mat. plast., fonction. par poire | — | 96. » |
| 20505 | **BOITE** à musique. « Poste Télévision » avec disque rotatif | — | 1.586. » |
| 21249 | **DÉGRINGOLEUR,** singe sur échelle, mat. plast. 20 c/m. | — | 41. » |
| 21348 | **EVIER** pompe, mat. plast., 10×5. En boîte | — | 192. » |
| 21367 | **FERME,** mat. plast. décorée, 4 grandes pièces, 11 petites. En boîte | La pièce | 231. » |
| 21594 | **HÉLICE** avec lanceur automatique, diamètre 105 m/m. En boîte | — | 76. » |
| 21595 | **Autre modèle,** tout métal | — | 67. » |
| 21596 | **HÉLICOPTÈRE** plastique, pale démontable. Sur carte | — | 106. » |
| 21640/1 | **LAPIN,** matière plastique couleurs. | — | 60. » |
| 21640/2 | **CHEVAL** bascule, matière plastique couleurs | — | 73. » |
| 22240/2 | **COQ** picorant, mécanique, matière plastique décorée | — | 154. » |
| 22244 | **GRENOUILLE,** mécanique, mat. plast. décorée | — | 134. » |
| 22430 | **BALANÇOIRE** portique 10 c/m garnie baby, matière plastique décorée | La pièce | 73. » |
| 22439/4 | **SEAU** garni 4 outils, en sachet cello. | — | 31. » |
| 22445/2 | **CHAISE** transformable, mat. plast. En boîte décorée | — | 82. » |
| 22451 | **DINETTE** 6 pièces, mat. plast., en sachet cello | — | 96. » |
| 22455 | **FAUTEUIL** avec vase mobile, garni baby, matière plastique. En boîte | La pièce | 58. » |
| 22461/2 | **LANDAU,** mat. plast. capote mobile | — | 48. » |
| 22472/2 | **TÉLÉPHONE,** 3×3 avec écouteur, mat. plast. Sur carte | — | 16. » |
| 22475 | **TRAINEAU** attelé garni 2 baby. Sur carte. | — | 45. » |
| 22565 | **LOUPE** matière plastique, diamètre 45 m/m. | — | 23. » |
| 22580 | **MANÈGE** plastique couleurs, garni 4 baby | — | 137. » |
| 22582 | **GRANDE ROUE**, plastique couleurs, garni 4 baby | — | 195. » |
| 22837 | **MONTRE** bracelet, tout mat. plast. Sur carte par 12 | — | 11. » |
| 22844 | **MOTOCYCLISTE** pompier, mat. plast. décorée. | — | 86. » |
| 23345 | **PISTOLET** lance-eau, mat. plast. 200 coups, long. 18 c/m | — | 220. » |
| 23533 | **ROULEAU** compresseur, mat. plast. En boîte | — | 123. » |
| 23534 | **COMPOSITION** travaux : rouleau et 6 accessoires. | — | 246. » |
| 23655 | **SIRÈNE,** matière plastique, 55 m/m. | — | 21. » |
| 23755 | **SACHET** sportifs : 12 joueurs mat. plast. couleurs | Le sachet | 137. » |
| 24042 | **TIRELIRE** cochon, mat. plast. couleurs. | La pièce | 49. » |
| 24083 | **TOUPIE** 5 c/m mat. plast. se renverse en tournant | — | 38. » |

**1951. Catalogue du Comptoir général de la bimbeloterie.** *Les sachets garnis en cello contiennent de petits jouets idéals pour petits cadeaux.*

| | | | |
|---|---|---|---|
| 20191/1 | **AUTO-POMPIER,** plastique, échelle pivotante, réservoir à eau, roues pneus, long. 30 c/m | La pièce | 800. » |
| 20191/2 | **Même article,** citerne étanche | — | 800. » |
| 20191/3 | — benne basculante. | — | 800. » |
| 20220 | **AUTO** de course « Speedway » sur piste. | — | 173. » |
| 20233 | **JEEP,** breack mécanique, métal laqué, long. 15 c/m | — | 148. » |
| 20243/2 | **CRAC-AUTO,** se disloque après avoir heurté un obstacle | La pièce | 472. » |
| 20244 | Fabrication momentanément suspendue. | | |
| 20248/1 | **AUTO-POMPIER,** long. 18 c/m, métal laqué. | La pièce | 158. » |
| 20248/2 | **AUTO-POMPIER,** long. 24 c/m, métal laqué. | — | 202. » |
| 20248/3 | **AUTO-POMPIER,** long. 35 c/m | — | 456. » |
| 20257 | **AUTOBUS,** long. 22 c/m | — | 374. » |
| 20259 | **TRANSPORT** rapide, moteur puissant, long. 68 c/m | — | 1.450. » |
| 20262 | **TRACTEUR** agricole, plastique, 2 vit., long. 21 c/m | — | 720. » |
| | **Même article,** à traîner, long. 10 c/m 5 | — | 94. » |
| 20848/1 | **TRAIN** aiguillage, mécanisme robuste. | — | 590. » |
| 22226 | **ACROBATE,** métal imprimé, haut. 12 c/m | — | 114. » |
| 22230 | **BARQUE** mécanique, avec pêcheur mouvementé. | — | 284. » |
| 22232 | **BÉBÉ « Qua'Pat' »,** 2 bras, 2 jambes mouvementés | — | 426. » |
| 22234 | **CANARD,** métal laqué. | — | 135. » |
| 22235 | **OIE,** bat des ailes, avec cri, mécanique. | — | 283. » |
| 22237 | **CROCODILE** méc., bouche ouvrante, long. 13 c/m | — | 119. » |
| 22246 | **JOCKEY** trotteur, mouvement parfait, métal imprimé. | — | 325. » |
| 22254 | **OURS** valseur, mécanique, long. 12 c/m | — | 277. » |
| 22256/2 | **OURS** contorsionniste, mécanique, long. 18 c/m | — | 470. » |
| 22256/3 | **OURS** cycliste, mécanique, long. 19 c/m | — | 536. » |
| | **Autre modèle,** sur patinette | — | 395. » |
| 22257 | **PHOQUE** savant, boule tournante | — | 350. » |
| 22261 | **POUSSE-POUSSE,** plastique, habillage tissu. | — | 195. » |
| 22264 | **POUSSIN** picorant, ailes mobiles. | — | 97. » |
| 22266 | **PIGEON** mécanique, long. 20 c/m 5. | — | 328. » |
| 22273 | **SINGE « Jo l'Acrobate »,** mécanique. | — | 116. » |
| 22277 | **SOURIS** culbuteuse, mécanique, long. 11 c/m | — | 214. » |
| 22287 | **TRI-PORTEUR** mécanique, long. 15 c/m | — | 126. » |
| 22290 | **SINGE** tambourinaire ou violoniste, long. 11 c/m 5. | — | 229. » |
| 22295 | **VOITURE** attelée, plastique couleurs, ne tombe pas | — | 605. » |
| 22559/3 | **LOCOMOTIVE,** métal impr., feu par cheminée, 18 c/m. | — | 295. » |
| 22562* | **MICHELINE** double, dont une à mécanique, en boîte | — | 280. » |
| 22575 | **MACHINE A COUDRE,** garnie bobine et aiguilles, 21×21×12. | La pièce | 1.400. » |
| 22576 | **Même article,** 23×14×21. | — | 2.488. » |
| 22587 | **MANÈGE** mécanique, haut. 25 c/m | 2 avions | 3 avions |
| | La pièce | 272. » | 384. » |
| 23275 | **PHONOGRAPHE** portatif, bois et carton., 29×24,5 | La pièce | 2.179. » |
| 23276 | **Même article,** 35×28. | — | 3.482. » |
| 23280 | **DISQUES** enfantins, diam. 15 c/m. | — | 148. » |
| 23285 | **AIGUILLES** | Fortes | Médium |
| | La boîte de 200 | 88. » | 88. » |

**1951. Catalogue du Comptoir général de la bimbeloterie.** *Même les jouets peuvent avoir des accidents.*

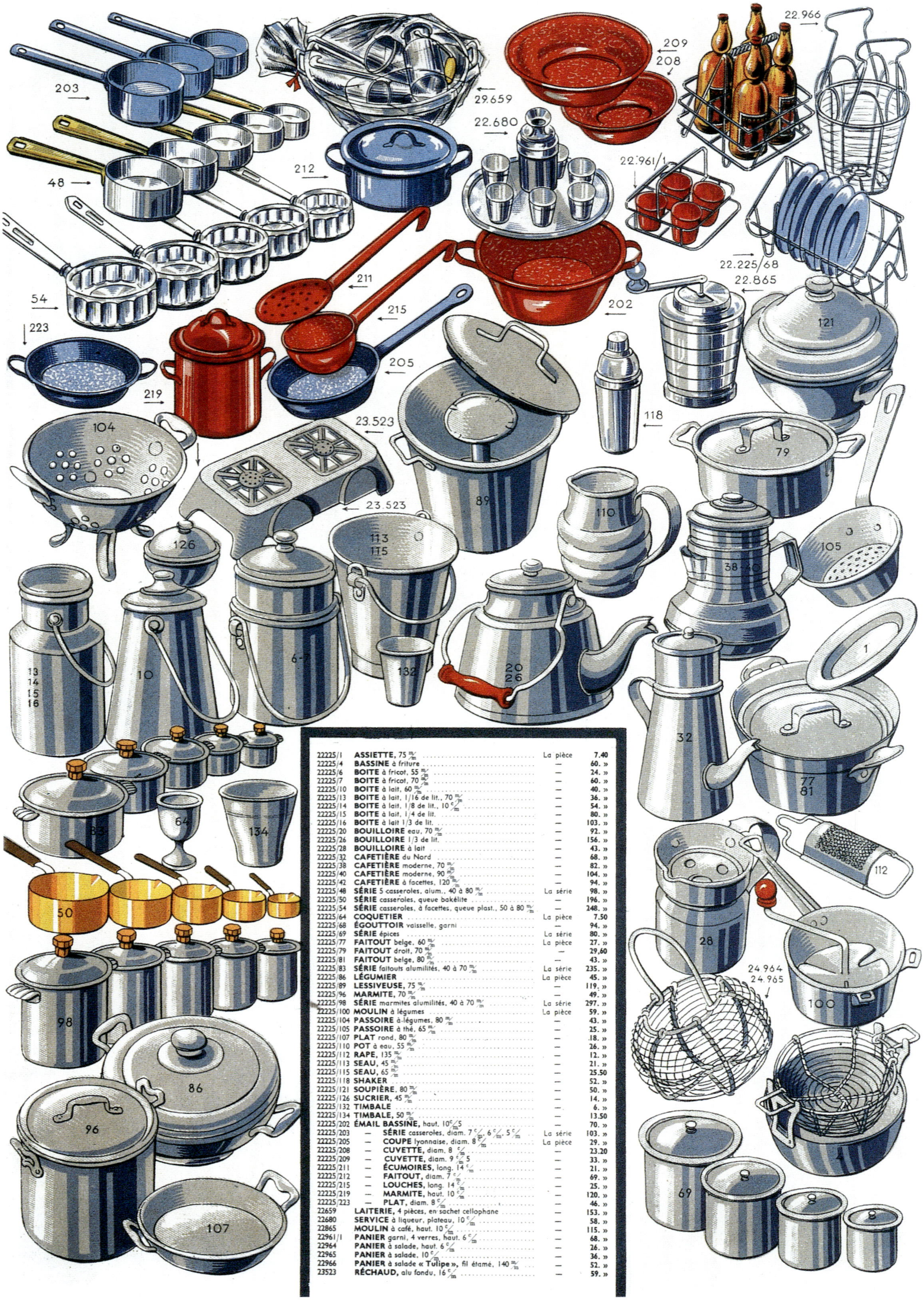


| | | | |
|---|---|---|---|
| 22225/1 | **ASSIETTE,** 75 m/m | La pièce | 7.40 |
| 22225/4 | **BASSINE** à friture | — | 60. » |
| 22225/6 | **BOITE** à fricot, 55 m/m | — | 24. » |
| 22225/7 | **BOITE** à fricot, 70 m/m | — | 60. » |
| 22225/10 | **BOITE** à lait, 60 m/m | — | 40. » |
| 22225/13 | **BOITE** à lait, 1/16 de lit., 70 m/m | — | 36. » |
| 22225/14 | **BOITE** à lait, 1/8 de lit., 10 c/m | — | 54. » |
| 22225/15 | **BOITE** à lait, 1/4 de lit. | — | 80. » |
| 22225/16 | **BOITE** à lait 1/3 de lit. | — | 103. » |
| 22225/20 | **BOUILLOIRE** eau, 70 m/m | — | 92. » |
| 22225/26 | **BOUILLOIRE** 1/3 de lit. | — | 156. » |
| 22225/28 | **BOUILLOIRE** à lait | — | 43. » |
| 22225/32 | **CAFETIÈRE** du Nord | — | 68. » |
| 22225/38 | **CAFETIÈRE** moderne, 70 m/m | — | 82. » |
| 22225/40 | **CAFETIÈRE** moderne, 90 m/m | — | 104. » |
| 22225/42 | **CAFETIÈRE** à facettes, 120 m/m | — | 94. » |
| 22225/48 | **SÉRIE** 5 casseroles, alum., 40 à 80 m/m | La série | 98. » |
| 22225/50 | **SÉRIE** casseroles, queue bakélite | — | 196. » |
| 22225/54 | **SÉRIE** casseroles, à facettes, queue plast., 50 à 80 m/m | — | 248. » |
| 22225/64 | **COQUETIER** | La pièce | 7.50 |
| 22225/68 | **ÉGOUTTOIR** vaisselle, garni | — | 94. » |
| 22225/69 | **SÉRIE** épices | La série | 80. » |
| 22225/77 | **FAITOUT** belge, 60 m/m | La pièce | 27. » |
| 22225/79 | **FAITOUT** droit, 70 m/m | — | 29,60 |
| 22225/81 | **FAITOUT** belge, 80 m/m | — | 43. » |
| 22225/83 | **SÉRIE** faitouts alumilités, 40 à 70 m/m | La série | 235. » |
| 22225/86 | **LÉGUMIER** | La pièce | 45. » |
| 22225/89 | **LESSIVEUSE,** 75 m/m | — | 119. » |
| 22225/96 | **MARMITE,** 70 m/m | — | 49. » |
| 22225/98 | **SÉRIE** marmites alumilités, 40 à 70 m/m | La série | 297. » |
| 22225/100 | **MOULIN** à légumes | La pièce | 59. » |
| 22225/104 | **PASSOIRE** à légumes, 80 m/m | — | 43. » |
| 22225/105 | **PASSOIRE** à thé, 65 m/m | — | 25. » |
| 22225/107 | **PLAT** rond, 80 m/m | — | .18. » |
| 22225/110 | **POT** à eau, 55 m/m | — | 26. » |
| 22225/112 | **RAPE,** 135 m/m | — | 12. » |
| 22225/113 | **SEAU,** 45 m/m | — | 21. » |
| 22225/115 | **SEAU,** 65 m/m | — | 25.50 |
| 22225/118 | **SHAKER** | — | 52. » |
| 22225/121 | **SOUPIÈRE,** 80 m/m | — | 50. » |
| 22225/126 | **SUCRIER,** 45 m/m | — | 14. » |
| 22225/132 | **TIMBALE** | — | 6. » |
| 22225/134 | **TIMBALE,** 50 m/m | — | 13.50 |
| 22225/202 | **ÉMAIL BASSINE,** haut. 10 c/m 5 | — | 70. » |
| 22225/203 | — **SÉRIE** casseroles, diam. 7 c/m, 6 c/m, 5 c/m | La série | 103. » |
| 22225/205 | — **COUPE** lyonnaise, diam. 8 c/m | La pièce | 29. » |
| 22225/208 | — **CUVETTE,** diam. 8 c/m | — | 23.20 |
| 22225/209 | — **CUVETTE,** diam. 9 c/m 5 | — | 33. » |
| 22225/211 | — **ÉCUMOIRES,** long. 14 c/m | — | 21. » |
| 22225/212 | — **FAITOUT,** diam. 7 c/m | — | 69. » |
| 22225/215 | — **LOUCHES,** long. 14 c/m | — | 25. » |
| 22225/219 | — **MARMITE,** haut. 10 c/m | — | 120. » |
| 22225/223 | — **PLAT,** diam. 8 c/m | — | 46. » |
| 22659 | **LAITERIE,** 4 pièces, en sachet cellophane | — | 153. » |
| 22680 | **SERVICE** à liqueur, plateau, 10 c/m | — | 58. » |
| 22865 | **MOULIN** à café, haut. 10 c/m | — | 115. » |
| 22961/1 | **PANIER** garni, 4 verres, haut. 6 c/m | — | 68. » |
| 22964 | **PANIER** à salade, haut. 6 c/m | — | 26. » |
| 22965 | **PANIER** à salade, 10 c/m | — | 36. » |
| 22966 | **PANIER** à salade « **Tulipe** », fil étamé, 140 m/m | — | 52. » |
| 23523 | **RÉCHAUD,** alu fondu, 16 c/m | — | 59. » |

**1951. Catalogue du Comptoir général de la bimbeloterie.** *Dernier tour de piste pour la dînette en métal avant le tout plastique.*

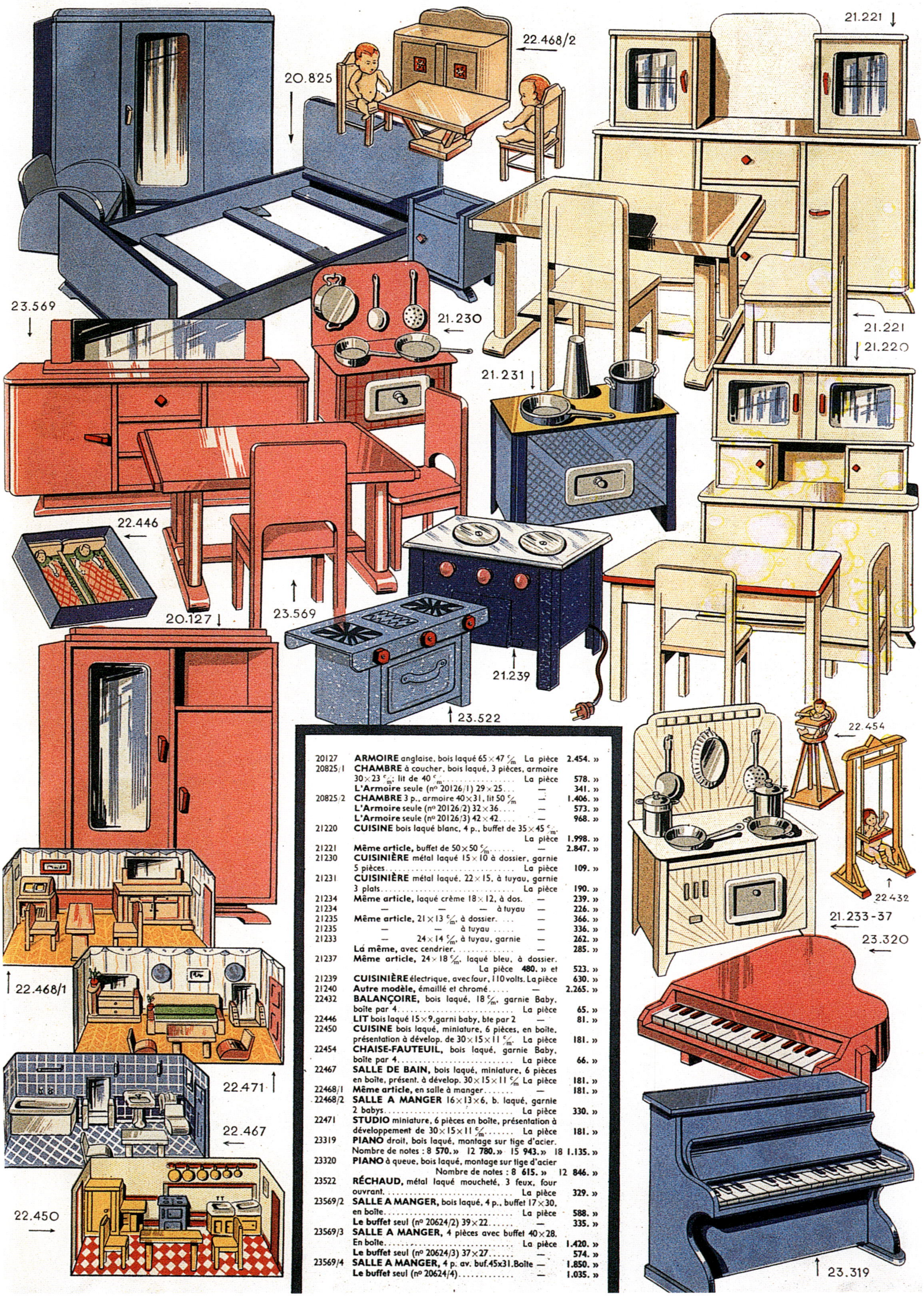


| | | | |
|---|---|---|---|
| 20127 | **ARMOIRE** anglaise, bois laqué 65×47 c/m | La pièce | 2.454. » |
| 20825/1 | **CHAMBRE** à coucher, bois laqué, 3 pièces, armoire 30×23 c/m; lit de 40 c/m | La pièce | 578. » |
| | **L'Armoire** seule (nº 20126/1) 29×25 | — | 341. » |
| 20825/2 | **CHAMBRE** 3 p., armoire 40×31, lit 50 c/m | — | 1.406. » |
| | **L'Armoire** seule (nº 20126/2) 32×36 | — | 573. » |
| | **L'Armoire** seule (nº 20126/3) 42×42 | — | 968. » |
| 21220 | **CUISINE** bois laqué blanc, 4 p., buffet de 35×45 c/m. | La pièce | 1.998. » |
| 21221 | **Même article,** buffet de 50×50 c/m | — | 2.847. » |
| 21230 | **CUISINIÈRE** métal laqué 15×10 à dossier, garnie 5 pièces | La pièce | 109. » |
| 21231 | **CUISINIÈRE** métal laqué, 22×15, à tuyau, garnie 3 plats | La pièce | 190. » |
| 21234 | **Même article,** laqué crème 18×12, à dos. | — | 239. » |
| 21234 | — — — à tuyau | — | 226. » |
| 21235 | **Même article,** 21×13 c/m, à dossier. | — | 366. » |
| 21235 | — — à tuyau | — | 336. » |
| 21233 | — 24×14 c/m, à tuyau, garnie | — | 262. » |
| | **La même,** avec cendrier | — | 285. » |
| 21237 | **Même article,** 24×18 c/m, laqué bleu, à dossier. La pièce 480. » et | | 523. » |
| 21239 | **CUISINIÈRE** électrique, avec four, 110 volts. | La pièce | 630. » |
| 21240 | **Autre modèle,** émaillé et chromé | — | 2.265. » |
| 22432 | **BALANÇOIRE,** bois laqué, 18 c/m, garnie Baby, boîte par 4 | La pièce | 65. » |
| 22446 | **LIT** bois laqué 15×9, garni baby, bte par 2 | — | 81. » |
| 22450 | **CUISINE** bois laqué, miniature, 6 pièces, en boîte, présentation à dévelop. de 30×15×11 c/m. | La pièce | 181. » |
| 22454 | **CHAISE-FAUTEUIL,** bois laqué, garnie Baby, boîte par 4 | La pièce | 66. » |
| 22467 | **SALLE DE BAIN,** bois laqué, miniature, 6 pièces en boîte, présent. à dévelop. 30×15×11 c/m | La pièce | 181. » |
| 22468/1 | **Même article,** en salle à manger | — | 181. » |
| 22468/2 | **SALLE A MANGER** 16×13×6, b. laqué, garnie 2 babys | La pièce | 330. » |
| 22471 | **STUDIO** miniature, 6 pièces en boîte, présentation à développement de 30×15×11 c/m | La pièce | 181. » |
| 23319 | **PIANO** droit, bois laqué, montage sur tige d'acier. Nombre de notes : 8 **570.** » 12 **780.** » 15 **943.** » 18 | | 1.135. » |
| 23320 | **PIANO** à queue, bois laqué, montage sur tige d'acier Nombre de notes : 8 **615.** » 12 | | 846. » |
| 23522 | **RÉCHAUD,** métal laqué moucheté, 3 feux, four ouvrant | La pièce | 329. » |
| 23569/2 | **SALLE A MANGER,** bois laqué, 4 p., buffet 17×30, en boîte | La pièce | 588. » |
| | **Le buffet seul** (nº 20624/2) 39×22 | — | 335. » |
| 23569/3 | **SALLE A MANGER,** 4 pièces avec buffet 40×28. En boîte | La pièce | 1.420. » |
| | **Le buffet seul** (nº 20624/3) 37×27 | — | 574. » |
| 23569/4 | **SALLE A MANGER,** 4 p. av. buf. 45x31. Boîte | — | 1.850. » |
| | **Le buffet seul** (nº 20624/4) | — | 1.035. » |

**1951. Catalogue du Comptoir général de la bimbeloterie.** *Les adultes rêvent à leur propre intérieur.*

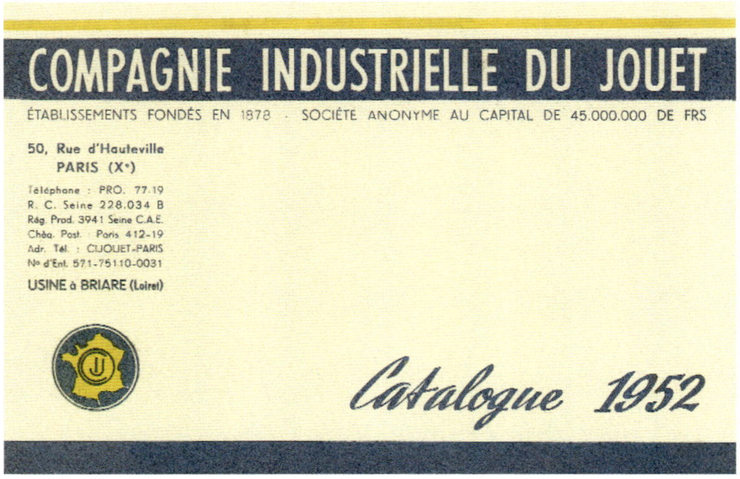


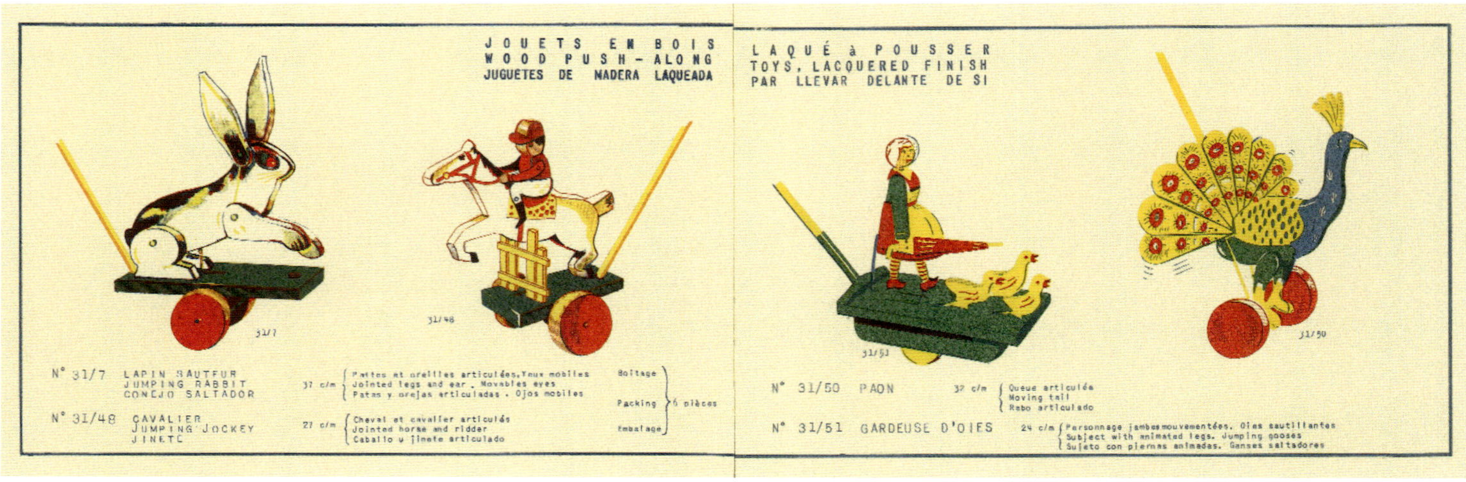


**1952. Catalogue de la Compagnie industrielle du jouet.**

*La CIJ, fondée en 1927 pour fabriquer les autos miniatures Citroën, propose dans un graphisme naïf une série d'autos de métal embouti et quelques jouets animés en bois.*

Plus tard, quand l'essence est revenue, mon père a acheté une 5 CV Citroën d'occasion, celle qui avait deux places et le derrière pointu. Lorsqu'il l'a ramenée à la maison, un soir, je me suis assis au volant, moteur en marche, le cœur battant ; j'ai débrayé, passé en première, embrayé, et je suis parti seul faire un tour dans le pré. J'avais onze ans, je savais parfaitement conduire. Je n'ai jamais pris une leçon supplémentaire – je roule encore sur mon double tour du globe… Qui dit mieux ? Et le plus beau c'est qu'à un cheveu du sort près, j'ai bien failli faire une carrière de chauffeur routier. Bien entendu j'aurais pris l'option du transport international, dans les grands, longs camions que l'on voit sur les images. Les cabines y ont des couchettes, et tu passes véritablement ta vie sur ton gros cul…

Les poupées, dans un autre genre, paraissent sortir d'un album de famille – elles s'appellent Laurence, Caroline, Gisèle, Sylviane, Francine, Luce, Florence… En 1953, Florence, une « poupée Jumeau entièrement articulée, parle et dort pas en même temps, yeux mobiles à cils, perruque soignée, très jolie robe – je dis ce qui est écrit –, chaussures et chaussettes », a l'air si vivante qu'il ne faut pas se forcer beaucoup pour la croire vraie. Une jolie petite demoiselle à qui on peut prêter tous les sentiments que l'on veut… Une petite fille ne s'en prive pas – lorsqu'elle joue à la poupée elle ne met pas seulement en route des sentiments maternels, elle pense aux belles rencontres qu'elles feront toutes les deux, plus tard. Elle projette dans l'avenir les charmants garçons qui viendront tourner autour d'elles, elles en parlent. Comment elles seront amoureuses de l'un d'eux, le plus beau, le plus gentil – mais alors passionnément amoureuses ! À penser à lui tout le temps, à avoir envie d'être dans ses bras blotties la nuit et le jour – parce que lui aussi sera très épris naturellement… Ce sera le bonheur ! – Florence sait tout cela, elle est d'accord, elle roule ses yeux mobiles avec un plaisir non dissimulé, elle pomponne sa perruque soignée et fait très attention à sa jolie robe. Elle est comme ça Florence, une future amoureuse passionnée, un peu fatale si l'on veut. Tout le secret des filles passe par les poupées, par

COLORIS VARIÉS. ROUES AVEC PNEUS
ASSORTED COLOURS, RUBBER TYRED WHEELS
VARIOSOS COLORIDOS, RUEDAS CON NEUMÁTICOS

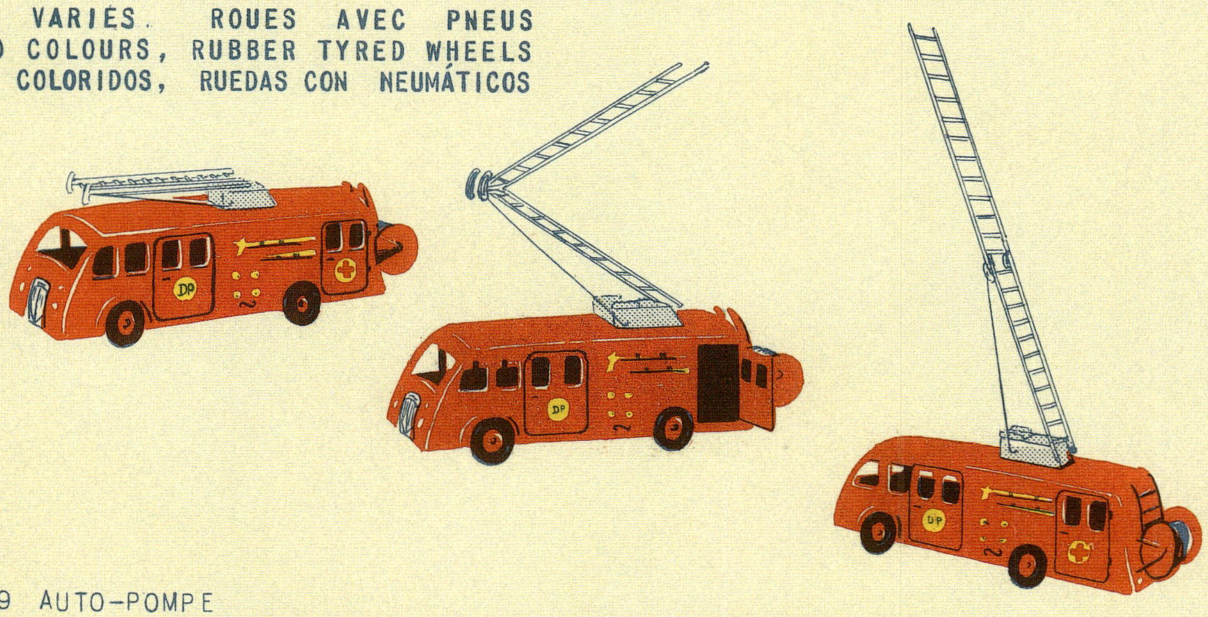

N° 10/39 AUTO-POMPE

Longueur / Length / Largura } 30 c/m.

1 porte ouvrante, dévidoir mobile. Hauteur(échelle déployée) 39 cm.
Départs - Appels sonores - Arrêts - Déploiements et replis de l'échelle.
Toutes ces fonctions sont entièrement automatiques.

One door opens, hose reel winds, Height 39 cm. (ladder extended)
It starts - The bell rings - It stops - The ladder raises and lowers itself.
All of which movements are repeated automatically.

Una puerta que se abre, 1 devanadera movil. Altura 39 cm. (escala desplegada).
Arranques - Llamados sonoras - Detensiones - Desplieguos y pilegues de la escala. Todas estas funciones son automaticas por entero.

COLORIS VARIÉS, ROUES AVEC PNEUS
ASSORTED COLOURS, RUBBER TYRED WHEELS
VARIOSOS COLORIDOS, RUEDAS CON NEUMÁTICOS

N° 6/50 CAMION ENTREPRENEUR { Même modèle que le camion N° 6/17
Same model as truck N° 6/17
Mismo modelo que el camion N° 6/17

Longueur / Length / Largura } 42 c/m

CHARGEMENT / WITH LOAD / CARGAMIENTO

ÉCLAIRAGE ÉLECTRIQUE / ELECTRIC LIGHT / ALUMBRADO ELECTRICO

LIVRÉ SANS PILES / DELIVERED WITHOUT BATTERY / ENTREGADO SIN PILAS

**1954. Catalogues du Familistère et des Comptoirs français**

*C'est l'âge d'or des magasins d'alimentation à succursales multiples, présents dans chaque village. Au moment de Noël, les parents passent leur commande directement sur le catalogue de l'épicier.*

ces étincelles de bonheur à faire et qui viendront, parfois, pour de vrai dans leur vie de femme, et qui donnent à l'existence des éclats de soleil à conserver au cœur pour les mauvais jours… Il vaut toujours mieux préparer sa joie pour la reconnaître.

La chose ne date pas de la dernière danseuse en tutu, ni des derniers cris dans les microphones: Victor Hugo savait déjà dans les années 1830 à quoi s'en tenir là-dessus. C'est même un sentiment fort qui nous relie à ce passé-là avec une fraîcheur incroyable dans l'éloignement des époques: le rêve de Cosette chez les méchants Thénardier. « Au premier rang, et en avant, le marchand avait placé, sur un fond de serviettes blanches, une immense poupée haute de près de deux pieds qui était vêtue d'une robe de crêpe rose avec des épis d'or sur la tête et qui avait de vrais cheveux et des yeux en émail. Éponine et Azelma avaient passé des heures à la contempler, et Cosette elle-même, furtivement il est vrai, avait osé la regarder. […] Toute cette boutique lui semblait un palais; cette poupée n'était pas une poupée, c'était une vision. C'étaient la joie, la splendeur, la richesse, le bonheur, qui apparaissaient dans une sorte de rayonnement chimérique à ce malheureux petit être englouti si profondément dans une misère funèbre et froide. Cosette mesurait avec cette sagacité naïve et triste de l'enfance l'abîme qui la séparait de cette poupée. Elle se disait qu'il fallait être reine ou au moins princesse pour avoir une "chose" comme cela. Elle considérait cette belle robe, ces beaux cheveux lisses, et elle pensait: Comme elle doit être heureuse, cette poupée-là ! » (*Les Misérables*,1842).

Dans l'après-Libération nous sommes dans la période faste du *baby-boom* issu de tant d'espoirs naissants et de joyeuses retrouvailles – une ère d'autant plus prodigue que l'enfant devient roi. Grâce à la pénicilline l'enfant ne meurt plus en bas âge, du moins beaucoup plus rarement que naguère où la moindre épidémie emportait les moins résistants. Par conséquent on peut fonder sur sa venue les plus solides espérances, et cela seul modifie profondément l'attitude de la société envers lui. Son langage change sensiblement: puisqu'il est destiné à grandir on ne lui parle plus « bébé » comme autrefois, lorsqu'il n'était qu'une probabilité de garçon ou de fille, et qu'il fallait s'armer psychologiquement, dès les premiers pas, pour supporter sa disparition subite avant l'âge de cinq ou six ans… C'est à peine si « bobo » et « dodo » subsistent du vocabulaire traditionnel enfantin – le « lolo » devient lentement le lait, le « coco », l'œuf, la « toto » fout le camp au profit de la voiture; même le vieux « tuture » s'efface, et surtout

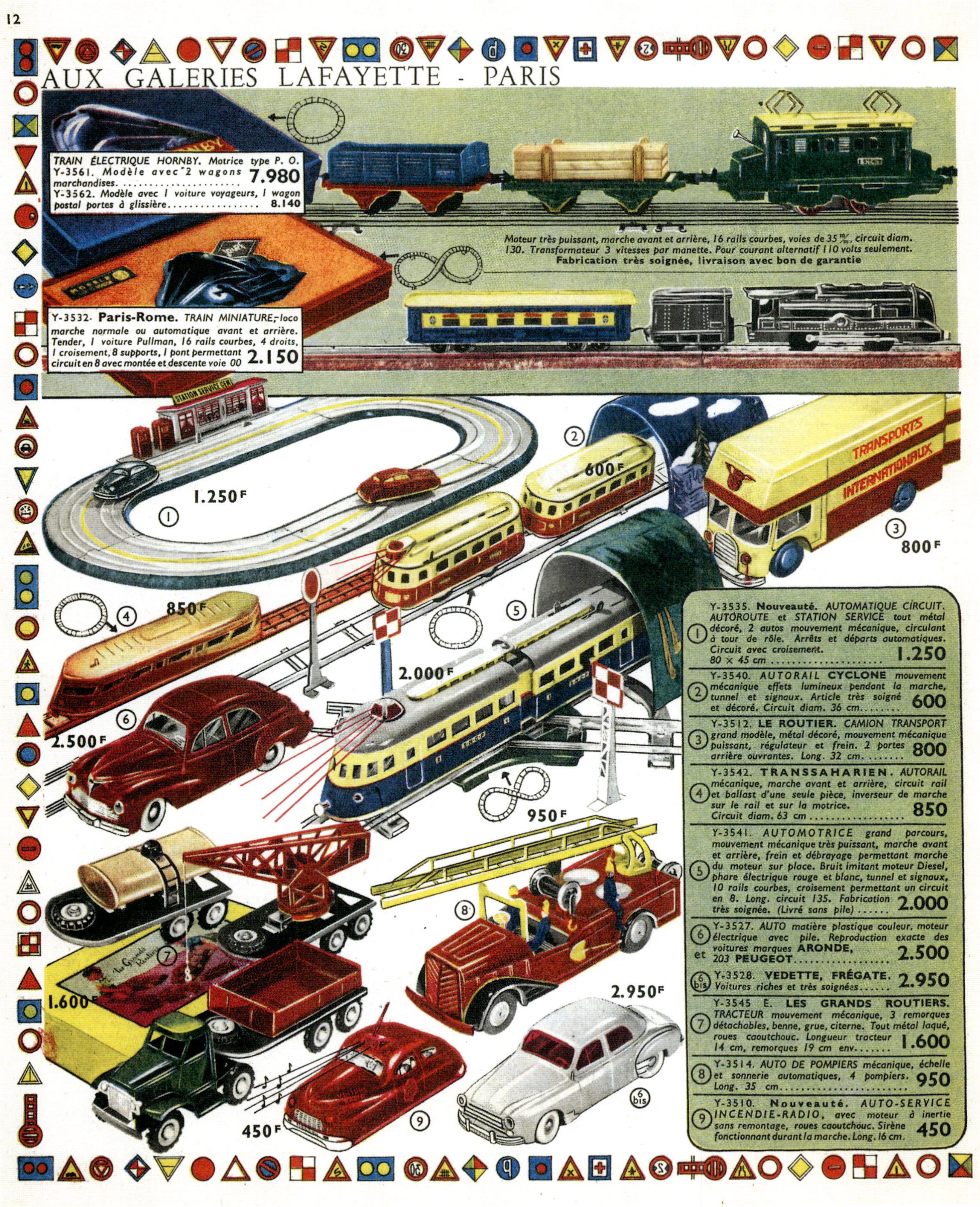


**1953. Catalogue des Galeries Lafayette.** *Cette année voit apparaître un « automatique circuit », précurseur du Circuit 24.*

**1953. Catalogue des Galeries Lafayette.** *Les baigneurs de vinyle ou de rhodoïd s'appellent Gisèle, Remy, Lisette ou Michou…*

9

SYLVIANE FRANCINE DOMINIQUE LISETTE LUCE PATRICK

JE MARCHE ET JE DIS MAMAN

JE DIS MAMAN

JE DIS MAMAN

1136 E. BEAU BÉBÉ ÉLOIDE. Bras et mbes articulés. Yeux rmeurs à cils. Habillage et et culotte. ut. 60 cm. viron ...... 2.950

Y-1069 E. Très jolie POUPÉE JUMEAU. COMPOSITION incassable, yeux dormeurs à cils. Habillage riche et lingerie soyeuse. Chaussettes, chaussures plastique. Haut. 52 cm. environ ...... 3.300

Y-1068 E. POUPÉE COMPOSITION, incassable. Bras et jambes articulés, yeux dormeurs, perruque soignée. Habillage jolie robe fantaisie, sous-vêtements lingerie, chaussettes et chaussures. Haut. 50 cm. environ ...... 1.500

Y-1067. POUPÉE COMPOSITION incassable, bras et jambes articulés, yeux dormeurs. Jupe et béret taffetas écossais, corsage blanc, chaussettes. chaussons feutre. Haut 45 cm. environ ...... 1.500

Y-1066. POUPÉE membres VINYL lavable. Tête et mains composition. Yeux dormeurs, perruque rayonne. Jolie robe à damiers rouges et blancs avec poches garnies croquet. Chaussettes et chaussons. Haut. 42 cm. environ...... 1.090

Y-1063. POUPÉE VINYL lavable. Tête et mains composition incassable. Perruque Thibet, yeux dormeurs, robe fantaisie, chapeau. Haut. 35 cm. environ......... 590

YETTE - PARIS

né façon lézard, ETTE, STEEPLE O, TROTTEUR, CE, DOMINOS, ère n. 4.500

Y-3584. BOIS DE MEGÈVE, JEU DE CONSTRUCTION BOIS teinté couleur, belle fabrication, exécution de nombreux modèles. 375
Numéro 2 ........................... 
Numéro 3 ........................... 595

Y-3593. FORESTIÈRE BABY. CONSTRUCTION BOIS teinté, belle fabrication en coffret verni, exécution de nombreux modèles. Dimensions 35 × 23.................... 775

Y-3577 E. MALLETTE DE JEUX BOIS gainé façon lézard 2 caissons mobiles garnie 9 JEUX : ROULETTE, NAIN JAUNE, JACQUET, DAMES, LOTO, DOMINOS, PUCE, jeu de l'OIE et de TROTTEUR. Dim. 47×37. haut. 12 cm. ........ 2.850

SOLIDO MECCANO

rtrait français.
........ 175
........ 250
uper fines) 675
TA ...... 800

Y-3585. BOITE PISTOLET V. 4 à transformation, 4 tubes · à air comprimé, à flèches, à amorces, à bouchon détonant, cibles animaux (livré sans bouchon détonant) ..... 1.190

Y-3582. BOITE AUTOS à transformations multiples mouvement mécanique, roues caoutchoutées. 675
Boîte modèle JUNIOR D, autos .........
JUNIOR INDUSTRIEL 7 BIS. 1.495 8 BIS. 1.950

Y-3580. CONSTRUCTION MÉCANIQUE. MECCANO.

| Nos 1 | 2 | 3 | 4 | 5 | 6 | 7 |
|---|---|---|---|---|---|---|
| 945 | 1.215 | 1.820 | 2.685 | 3.660 | 5.250 | 7.340 |

Y-3581. Boîte complémentaire.

| 1A | 2A | 3A | 4A | 5A | 6A |
|---|---|---|---|---|---|
| 480 | 725 | 1.010 | 1.100 | 1.140 | 2.150 |

*… les prénoms datent immanquablement les poupées.*

**1954. Catalogue France Bazar.**

*La photographie retouchée commence à remplacer le dessin avec des images d'enfants bien portants.*

**1956. Catalogue du Louvre.**

*Un nouveau venu dans l'imaginaire des jeunes garçons: le motard.*

le mot « joujou » ! C'est là un des aspects majeurs, souvent ignoré, de la mutation qui se produit au cours des décennies 1950 et 1960 dans le statut du jeune enfant – lequel, par voie de conséquence, mérite encore davantage d'être choyé, et couvert de jouets !

Et puis il n'y a même plus de saison pour offrir ; si Noël s'étend et prospère dans des proportions incroyables dès la fin des années 1960, il est venu s'ajouter pour tous la cérémonie de l'anniversaire, dès l'âge le plus tendre pour les raisons que je viens de dire et qui sont à la gloire de la médecine. Car les grandes angoisses existentielles – sensiblement augmentées par l'abandon des rites religieux communautaires –, qu'amplifient l'aisance et la sécurité matérielle des ventres satisfaits, ont fait troquer la « fête » bénigne du prénom, lié au saint patron de l'enfant catholique, avec la célébration inquiète de sa date de naissance. Dans la bourgeoisie française citadine on fêtait les anniversaires – sous l'influence probable du monde anglo-saxon – à partir des années 1920 ou 1930. Cette aimable coutume ne pénétra dans les classes populaires qu'après la Seconde Guerre mondiale, pour ne se généraliser peu à peu qu'au cours des années 1960. Toujours est-il que les cadeaux d'anniversaire ont multiplié de manière substantielle le chiffre d'affaires du jouet.

En tout cas l'avantage de l'après-guerre – outre la paix – c'est que la photographie a peu à peu remplacé le dessin sur les catalogues. Les jouets présentés étaient de vrais objets saisis sur le vif, si l'on peut dire cela d'objets inanimés. Les camions avaient des chromes luisants, des phares, des reflets…

Cependant l'usage de la photographie eut une conséquence peut-être non intentionnelle sur les catalogues de jouets. Les pages devinrent davantage informatives, documentaires, et moins artistiquement conçues. Comparées aux compositions artistiques qui caractérisaient les couvertures d'avant-guerre, les présentations des années de 1950 à 1980 laissent comme un regret. Mais leur aspect fonctionnel n'est au fond que le reflet des temps mécaniques – les grands magasins ne font plus appel aux grands artistes pour allécher leur clientèle : ils confient leurs produits à des graphistes dont la tâche n'est pas de créer des formes mais d'adapter le plus joliment possible les données du réel.

D'autre part les diffuseurs ne sont plus les seuls à éditer des catalogues : désormais les fabricants, bien organisés, s'adressent eux-mêmes directement au public ; ils glissent les catalogues de leurs

**1954. Catalogue France Bazar.** *Les personnages en latex s'inspirent de la BD et du dessin animé.*

**1953. Catalogue des Galeries Lafayette.** *Les jouets affichent leur prix pour aider les parents à choisir.*

**1955. Catalogue Norev.**
*L'un des premiers catalogues Norev, anagramme du nom de son fondateur Véron, qui produisit à partir de 1954 une nouvelle gamme de voitures miniatures.*

marques dans chaque livraison aux clients et les grands magasins les disséminent à profusion dans les boîtes aux lettres, selon une technique commerciale qui s'appellera bientôt le « mailing ». Car nous sommes à présent dans une période où le jouet, moins cher qu'autrefois, entre dans le domaine de la grande consommation. L'acquisition des jouets n'est plus réservée à une élite socialement définie par le pouvoir d'achat. On n'est plus obligé d'attendre la venue providentielle de Jean Valjean (qui offrit finalement la poupée à Cosette) ou d'une Tata Nénette enjouée (le jeu de mots est intéressant).

Celui qui a fort bien compris ces choses de la vie rêvée, c'est Raymond Peynet, avec le mince musicien au chapeau rond qu'il trouva, paraît-il, à Valence, devant le kiosque à musique, en 1942. Il l'assortit d'une fiancée au même étage de l'éternel, et les « amoureux de Peynet » firent le tour du monde dans les années 1950. Avec sa tête ronde d'Auvergnat souriant, Peynet redonne à l'amour enfantin qui sommeille au cœur de chaque cochon d'adulte son droit de cité, et ce n'est pas son moindre mérite, cela en pleine époque cynique. Il établissait un contrepoint, un tour de force dans le contre-courant, et l'on dit que Georges Brassens, qui devint son ami, aurait reçu l'inspiration de ses *Bancs publics* en voyant les éternels fiancés qui attendent si souvent le destin sur le banc vert du bord des squares à moineaux… On dit tant de choses que c'est peut-être vrai !

En 1958, en tout cas, lors de la visite officielle de la jeune reine d'Angleterre, il lui fut offert pour sa fille un coffret contenant douze petites poupées des fiancés de Peynet – ce sont

**1954. Catalogue du Printemps.** *L'année de la parution de l'album* On a marché sur la lune*, la course-poursuite des personnages d'Hergé*

*dans les pages du catalogue confère à la brochure la valeur d'un illustré que l'on se prête, que l'on garde et regarde toute l'année.*

**Années 1960. Catalogue des poupées Peynet.**

*Désormais les fabricants s'adressent directement au public. On retrouvait dans chaque boîte un mini catalogue qui présentait tous les modèles du moment.*

sûrement aujourd'hui des biens de la Couronne... Poupées qui, à partir de 1967, se vendirent à des millions d'exemplaires ; on les avait simplement revêtues de costumes traditionnels de France et du monde entier. Plus tard vint Barbie, qui, m'a-t-on assuré, avait d'abord été conçue en Allemagne avant d'être générée aux États-Unis – un peu comme les bombes atomiques, en somme !

Mais la transformation sans doute la plus énorme dans ce domaine fut provoquée par l'arrivée de la matière plastique. Le jouet en plastique, beaucoup moins cher, est mieux adapté à l'industrie de masse ; il envahira très vite l'ensemble de la production. Il présente en effet plusieurs avantages, outre son prix : il est moins lourd que le jouet en métal, donc plus maniable pour des petites mains, moins résistant aussi, par conséquent moins durable, et à ce titre il se prête plus aisément aux fluctuations de la mode. Il brille à peu de frais, et peut se renouveler souvent sans inconvénient pour l'heureux possesseur que l'éphémère, désormais, divertit.

Dinky Toys, marque déposée (qui signifie « jouets mignons »), présente dans ses pages, au fil des années, tous les nouveaux modèles automobiles, des camions-bennes et même un camion-grue qui sont les répliques parfaites des grands, et parfaitement « fonctionnels ». C'est vers cette époque que l'on commence à dire « beau comme un camion ! » – en ajoutant parfois « un camion tout neuf »... Très vite on moulera aussi pour les enfants des reproductions d'armes automatiques si exactes qu'elles peuvent faire illusion ; au point que des braqueurs amateurs s'en sont quelquefois servis pour tenir des victimes en respect au cours de hold-up.

**Catalogue des poupées Peynet.** *Ces poupées furent fabriquées de 1953 à 1968 par la société Technigom et vendues à des millions d'exemplaires.*

**1963. Catalogue France Jouet**

*L'entreprise connut son âge d'or au début des années 1960, avec ses coffrets de camions, ses jeux de tirs et son flipper le Dingball.*

Un autre changement crucial survenu dans les sociétés occidentales de ces décennies fondatrices de notre « modernité » est le vieillissement de l'enfant – du moins le prolongement de la notion d'enfance jusqu'à un âge qui, autrefois, eût étonné. À mesure que s'organise une production mécanique qui se passe du travail manuel – comme l'agriculture – la société a de moins en moins besoin de bras. Jusqu'à la Seconde Guerre mondiale l'école était obligatoire jusqu'à douze ans, l'âge charnière des premières communions et des *bar-mitsvah*. Les jeunes gens entraient ensuite en apprentissage et se trouvaient de plain-pied dans la vie active, à rentabiliser leur énergie vitale… À partir du moment où l'âge scolaire passe à quatorze ans, sous Pétain, puis à seize ans au cours des années 1960, le « jeu » se prolonge dans les mêmes proportions. On remarque sur les catalogues que les jeux scientifiques, par exemple, sont présentés avec pour adeptes des garçons en complet cravate qui auraient jadis été de jeunes travailleurs du secteur tertiaire.

Enfin, transformation capitale entre toutes, la décennie 1960 est largement caractérisée en France (huit à dix ans plus tôt en Angleterre) par l'irruption soudaine et irrésistible de la télévision dans tous les foyers, y compris les plus modestes. L'enfance se trouve aspirée malgré elle et malgré tout le monde par des programmes destinés aux « petits », sans distinction de condition sociale, à de jeunes êtres qu'il s'agit d'inclure dans la vie commune en les formant le plus tôt possible à la consommation d'images.

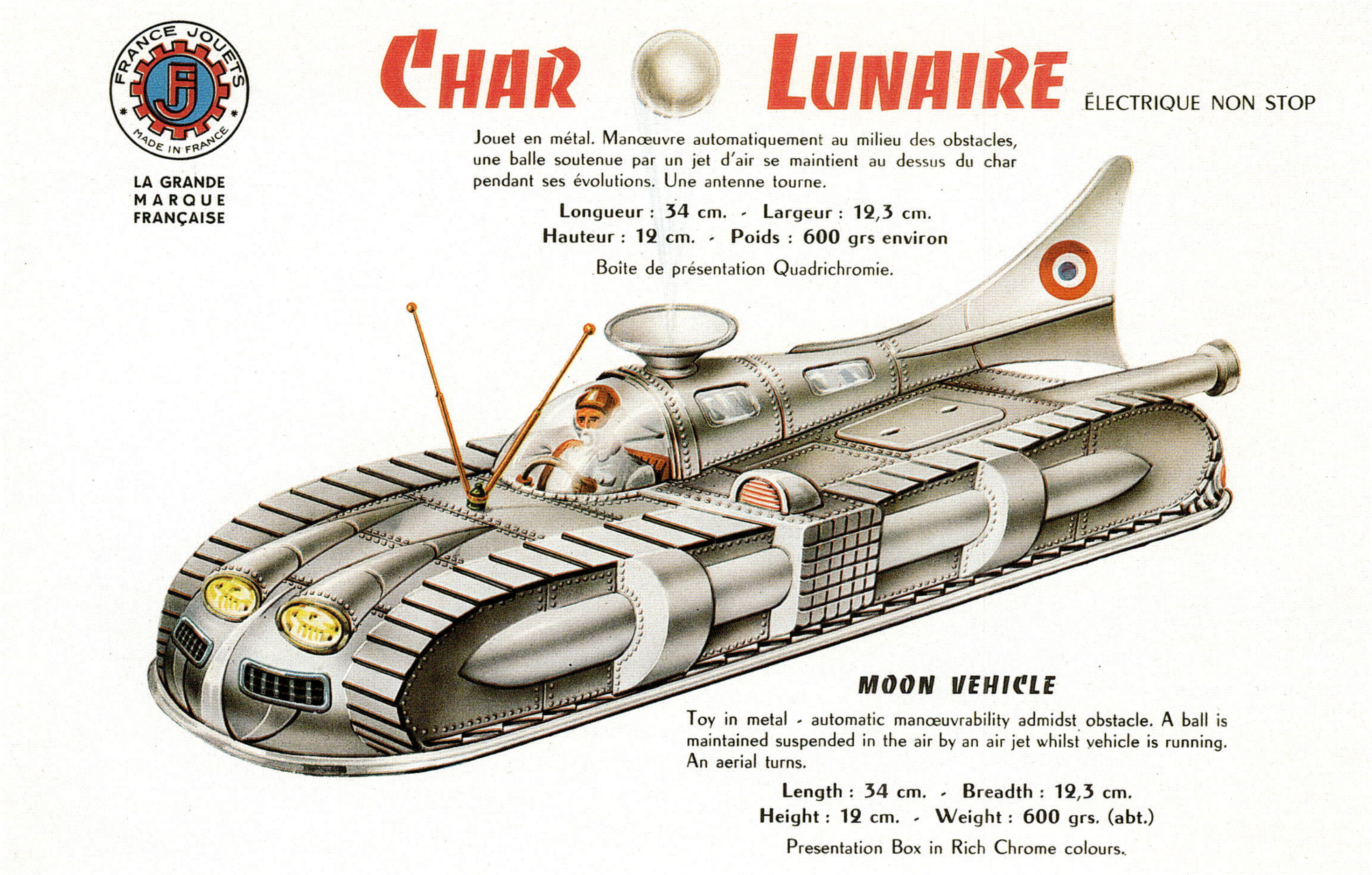


**1963. Catalogue France Jouet.** *Autre grand succès, le circuit routier.*

NOUVEAUTÉ ! NOVELTY !

# AVION "ROCKET" avec fusée

## "ROCKET" PLANE with launcher

Réf. 559

Avion très belle finition - Pilote - Belles décorations - Moteur à inertie.
Une rampe de lancement supporte une fusée très légère en matière plastique, que l'on peut projeter.
Longueur : 40 cm env. - Envergure : 30 cm env. - Poids : 475 gr. environ.
Chaque pièce livrée en boîte décorée.

Well finished plane - Pilot - Beautiful decorations - Friction drive.
The rocket-launcher supports a very light launcher in plastic which can be project.
Lenght : 16 inches - Spread of the wings : 12 inches - Weight : 17 oz.
Each packed in a coloured box.

*La marque française de Jouets Mécaniques*

# AUTO-MITRAILLEUSE

# ARMOURED-CAR

Réf. 705

Décorations « Armée ».
Equipée d'un bon mouvement mécanique.
Pendant la marche de l'auto, des étincelles simulant des coups de feu jaillissent d'une ouverture située à l'avant et en même temps retentit le bruit du crépitement des mitrailleuses.
Long, : 26 cm - Larg. : 14,5 cm - Haut. : 14 cm. - Poids : 1.090 gr. environ.
Livré en boîte par une pièce.
Modèle et nom déposés.

"Army" decorations.
Provided with a strong clockwork.
When it runs, sparks simulating shots come out and at the same time the machine gun crepitates.
Length : 10 inches - Width : 6 inches - Height : 6 inches.
Weight : c. 39 oz.
Each packed in a box.
Model and name deposited.

**1963. Catalogue Joustra.** *Premier constructeur de jouets métalliques, fondé en 1933 à Strasbourg.*

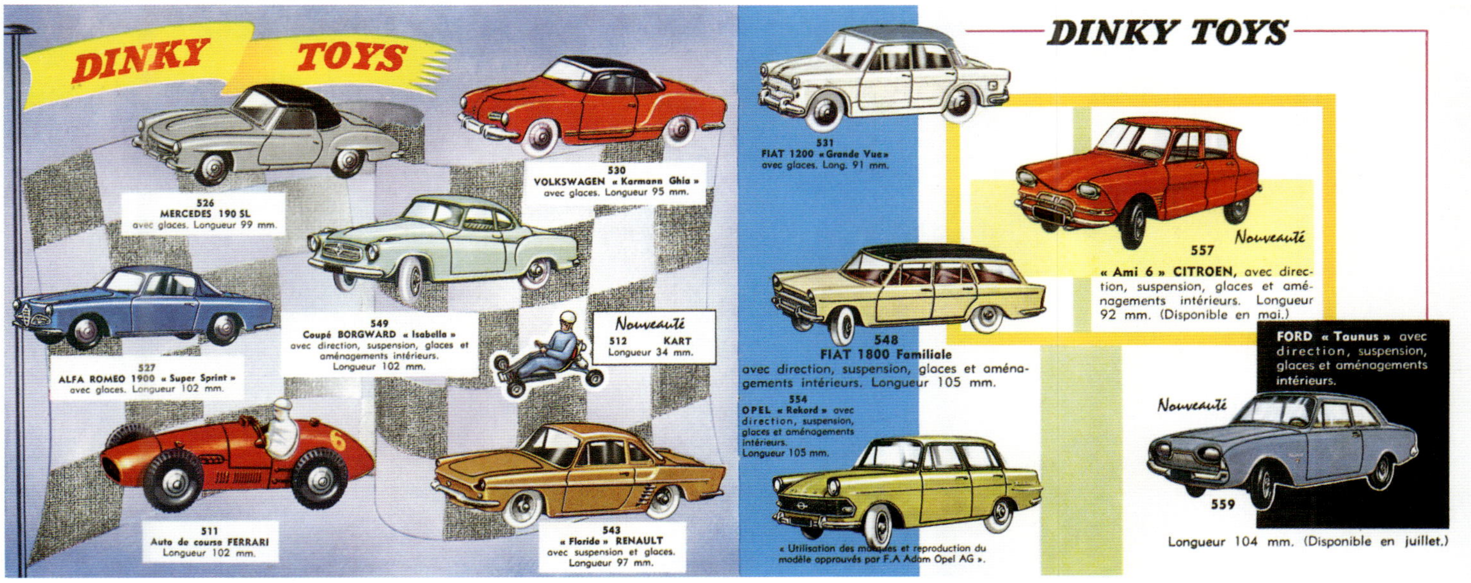

**1962. Catalogue Dinky Toys.**

*Dinky Toys, marque déposée qui signifie « jouets mignons », filiale de Meccano créée en 1934, présente dans des répliques parfaites les derniers modèles de la production automobile. En 1962, la 4 L l'année de sa sortie de chaîne.*

MÄRKLIN
1960/61 F o. P.
E41 024

MÄRKLIN
V60 1009
1963/64 F bfrs

NF/F
VOLLMER
1961/62
OST
DB

**1960-1963. Catalogues Märklin.**
*Depuis cent cinquante ans, ce fabricant de jouets allemand propose voitures, avions, bateaux et boîtes de construction métallique, mais ce sont ces modèles réduits de trains qui font référence.*

**1961. Catalogue Vollmer.**
*Fabricant d'accessoires pour le modélisme : gares, villes miniatures et personnages.*

**1965. Catalogue Hornby-acHO.**
*Le train électrique est à la mode. En 1960, Meccano France se lance dans l'aventure avec Hornby-acHO qui sera racheté par le groupe concurrent Triang en 1964.*

**1964. Catalogue Liliput.**
*Ce fabricant a construit sa réputation en créant des modèles rares et des trains particuliers.*

**1962. Catalogue de la Redoute.**

*Avec la Redoute et les 3 Suisses, le Père Noël, qui habite maintenant Roubaix, n'a plus besoin de se déplacer, il expédie les jouets par la poste.*

**1956. Catalogue Jeux et Jouets.**
**1960. Catalogue du Printemps.**

*Le Tour de France a été particulièrement disputé. Tous les petits Français rêvent de revêtir le maillot jaune.*

Les fabricants de jouets saisissent la balle au bond ; ils font passer dans le commerce une sorte de prolongement « en dur » des histoires virtuelles et fugitives de l'écran. Les personnages des séries à succès se vendent en boutique, version jouets – les panoplies des personnages et leurs accessoires –, de sorte que l'enfant est amené à vivre dans un monde fantastique constant. Tout à fait par parenthèse, il n'est pas impossible que l'on puisse voir dans cette expression du fantasme et de l'identification aux héros des jeunes adolescents la source des illusions et de l'humeur justicière qui alimentèrent les événements étudiants de Mai 68. Les acteurs étaient des jeunes gens qui, six ans plus tôt, avaient beaucoup regardé *Thierry la Fronde* et *Zorro* !

Car l'année 1962 marqua une étape décisive dans le rapport de la télévision et du monde enfantin. En cette année d'intense diffusion des postes de télé au sein des familles populaires, le feuilleton *Thierry la Fronde* faisait « un malheur » dans la jeunesse – également parmi une population adulte qui découvrait, fascinée, les charmes du cinéma à la maison. Rappelons que la télévision d'alors, en noir et blanc, n'avait qu'une seule chaîne. Tout un chacun, quel que fût son âge, était bien obligé de tomber en arrêt devant *Thierry la Fronde*, alias l'excellent acteur, mince et souple, Jean-Claude Drouot, et ses prouesses de nouveau Robin des Bois.

**J** SL. 701. - Beau petit **garage** en métal décoré couleurs, avec socle et toit en Isorel. Porte métallique ouvrante, pont de graissage mobile, 2 pompes à essence (qui s'éclairent - l'une ou l'autre - quand une voiture stationne devant). Livré sans pile. Long. 40 cm, larg. 24 cm, haut. env. 12 cm .... 9,75

**K** SL. 795. - **Garage à étage** en Isorel et en métal décorés couleurs. Recommandé. Rampe d'accès, 2 pompes à essence, pont de graissage, éclairage. Livré sans pile. Long. 46 cm, larg. 30 cm, haut. env. 22 cm...... 17,75

**L** SL. 700. - Très belle **station-service** : 2 étages en Isorel et en métal décorés couleurs. Rampe de descente, garage à porte métallique ouvrante, station de lavage, parking, pont de graissage mobile, ascenseur mécanique. L'intérieur du garage s'allume lorsque la porte s'ouvre, les 2 pompes à essence s'éclairent - l'une ou l'autre - quand une voiture stationne devant. Recommandée. Livrée sans pile. Long. 50 cm, larg. 30 cm, haut. env. 26 cm ... 25,00

**M** SL. 796. - Boîte de **6 voitures et camions,** avec moteur à friction et 1 pompe à essence. Prix avantageux..... 8,50

**N** SL. 702. - **Le parking miniature** : derrière une jolie clôture, 6 petites voitures en plastique décoré couleurs, l'agent sur son refuge, le panneau "parking" et la borne. Recommandé. En boîte 33 x 25... 14,50

**O** SL. 797. - **Vendus ensemble,** 3 beaux camions miniature : **1 tracteur semi-remorque** (long. 20 cm), avec portes arrière ouvrantes et remorque détachable. - **1 fourgon Citroën** (long. 10 cm), avec porte côté coulissante. - **1 camion-benne** (long. 12 cm), avec benne basculante... 14,95

**1962. Catalogue de la Redoute.** *Cibié, Esso, Azur, Kronenbourg, la réclame s'affiche maintenant sur les jouets.*

SL. 661. - Poupée avantageuse en matière plastique souple. Membres articulés, cheveux peints, habillage "plage". Haut. env. 26 cm 5,50

SL. 780. - Charmante petite poupée en matière plastique souple. Cheveux implantés, yeux dormeurs à cils. Amusant habillage "écolière", socquettes, chaussures. Déshabillable. Livrée avec craie et ardoise. **Dit Maman.** Haut. env. 30 cm 14,50

SL. 779. - Jolie poupée en Polyflex souple incassable, ininflammable, lavable. Yeux dormeurs à cils. Cheveux implantés lavables et indéfrisables. Socquettes, chaussures. Déshabillable. Haut. env. 35 cm...... 12,80

SL. 667. - Jolie petite poupée en matière plastique souple. Cheveux implantés lavables et indéfrisables, yeux dormeurs à cils, habillage soigné, chaussures. Haut. env. 29 cm... 8,90

SL. 672. - Ravissante poupée en matière plastique souple. Yeux dormeurs à cils, cheveux implantés (lavables et indéfrisables), habillage très élégant, jupon gonflant, socquettes, chaussures. Déshabillable. **Dit Maman. Livrée avec shampooing.** Haut. env. 41 cm..... 19,90

*Offrez* REDOUTE

SL. 781. - Élégante poupée en matière plastique souple. Yeux dormeurs à cils, cheveux implantés (lavables et indéfrisables). Très joli habillage, jupon gonflant, socquettes, chaussures. Haut. env. 40 cm.... 13,75

SL. 782. - Très jolie poupée en matière plastique souple. Yeux dormeurs à cils, cheveux implantés. Habillage très soigné : jupon gonflant, socquettes, chaussures. Déshabillable. Haut. env. 50 cm 31,50

**1962. Catalogue de la Redoute.** *Bébé mouilleur en matière plastique incassable et poupées élégantes…*

*… livrées avec du shampooing pour futur maman coiffeuse.*

30

# LES GRANDS SUCCÈS DE LA T.V.

**"BONNE NUIT LES PETITS"**

*CES ARTICLES FIGURENT SUR NOTRE COUVERTURE*

**J-0365.** NOUNOURS entièrement nylon lavable, coloris fauve. Taille **60** cm . . . . . . . . . . . . . **50,00**

**J-0375.** NICOLAS ET PIMPRENELLE, pantins tissu, bourrage souple, tête tournante, habillage vichy et coton. Haut. env. **45** cm. (Préciser le modèle) . . . . . . **30,00**

**J-0370.** *Non représenté.* NOUNOURS, même caractéristique que le précédent. En **47** cm . . . . . . . . . . . . . . . **25,00**

**"LA PISTE AUX ÉTOILES"**

*J-0023*

Étudié avec le concours de *Gilles Margaritis.* CIRQUE toile couleurs entièrement démontable avec tous les accessoires, échelle, corde, trapèze. Projecteurs jaune et rouge. **14** ANIMAUX ET PERSONNAGES. **1** DISQUE **45** TOURS *« Philips »* recrée l'ambiance et orchestre, **5** sketches du cirque avec bruits et cris d'animaux, la voix des artistes et musique de *« Bernard Hilda ».*

*Numéros:* Indiens - Phoques - Éléphants - Lions - Clowns (Monsieur Loyal).

Dim. du cirque : **68 × 52 × 14** . . . . . . . . . . . . **50,00**

**J-7924.** AGENDA **1964** pour hommes, série luxe, **3** jours à la page, fermoir doré, crayon, carte de la France, mémo auto, voyages, comptes. Notes personnelles, memento d'adresses. Noir, havane, vert. Dim. **11,5 × 7,5** . . . . . . . . . . . . . . . . . **10,00**

**J-7923.** AGENDA **1964** pour femmes, série luxe, **2** jours à la page, fermoir doré, crayon, memento d'adresses. Noir, havane, vert. Dim. **8 × 6** . . . . . . . . **5,00**

**J-8492.** CARTES de VŒUX, fantaisie, modèles différents avec enveloppes. Le sachet de **3** . . . . . **2,00**

**J-8490.** PAPIER emballage pour Cadeaux de Noël. La pochette de **3** feuilles, dispositions diverses. Dim. **50 × 70** cm . . . . **1,75**

**J-8497.** RUBAN de FÊTES bordé d'un filet doré. Coloris rouge, rose, turquoise. La pièce de **5** m **1,00**

**1963. Catalogue des Galeries Lafayette.** *« La Piste aux Étoiles » est vendue avec un 45 tours, pour plus de réalisme.*

**1963. Catalogue du Bon Marché.**

*Avec l'irruption de la télévision dans tous les foyers, le catalogue de l'année est présenté par* Joe chez les Abeilles, *le dessin animé de Jean Image.*

**1964. Catalogue des Galeries Lafayette.**

*Un jeune musicien s'égosille encouragé par la poupée de Sheila.*

**1964. Catalogue du Printemps.**

*Tournicoti, tournicoton : le 5 octobre 1964 est diffusé par l'ORTF le premier des cinq cents épisodes du Manège enchanté de Serge Danot. Le Printemps ne pouvait laisser passer un tel succès.*

**1964. Catalogue du Bon Marché.**

*Zorro, autre héros popularisé par la télévision, rencontre en couverture Pollux.*

**1964. Catalogue des Galeries Lafayette.**

*Le feuilleton* Thierry la Fronde, *diffusé de novembre 1963 à mars 1967, fait un malheur. Le succès de sa panoplie est immense ainsi que celle de sa compagne Isabelle mais le pistolet de Josh Randall de la série* Au nom de la loi *est également présent page 21.*

Thierry avait par définition une fronde à l'ancienne qu'il fallait faire tournoyer au-dessus de la tête comme d'autres le font avec un lasso – ce qui n'était pas fait pour déplaire – et il la maniait mieux qu'un dieu. Ô combien de malins, combien d'enfants sans haine s'entraînèrent à casser des carreaux ! L'imitation du sympathique héros était si tentante ! Le justicier avait même, à l'instar de Don Quichotte, une fiancée très douce, Isabelle, qui l'attendait au coin d'un bois, assise sur son cheval à la manière des dames à haquenées, les jambes jointes, et qui s'enorgueillissait avec nous tous de ses triomphes…

Si bien qu'il se produisit à propos de ce feuilleton – les enfants se hâtaient de rentrer chez eux pour ne pas rater un épisode – le phénomène Shirley Temple du cinéma des années 1930. Chacun voulut posséder une figurine du personnage magnifique et de sa dulcinée (c'est tout à fait le cas d'appeler ainsi Isabelle), voire une réplique de la fameuse fronde à briser les lustres. Cela posa aux marchands de jouets l'obligation d'obtenir l'autorisation de la chaîne et des auteurs du scénario. Il fallut innover : c'est de 1962 que date la première convention commerciale entre le petit écran et le secteur du jouet – précisément pour la mise en vente des panoplies de Thierry la Fronde.

La brèche était ouverte de la réutilisation pour d'autres supports des créations de la télé. Deux ans plus tard l'administration de l'ORTF proposait le terme *droits dérivés* pour le versement de droits d'auteur lors du passage d'une œuvre à un autre média. Cette branche nouvelle créait à la fois un précédent juridique et un usage qui dure encore.

Presque en même temps – 1965 – venait dans le commerce les « produits dérivés » (panoplie avec loup, chapeau, cape et épée) de l'inégalable et mystérieux Zorro !… Zorro qui, comble de générosité altruiste, défend son père, l'ineffable Don Alejandro, contre les injustices sans que ce dernier en ait vent. Quel petit garçon ne serait pas intimement séduit par un tel rôle de justicier secret qui siffle son cheval au bon moment ? Et le cheval arrive, se place juste sous les fesses acrobatiques du cavalier bondissant et l'emporte loin du danger dans la nuit zébrée par l'orage : Zorro !… On en frémit, rien qu'à le raconter, d'excitation vengeresse.

15

**Tente d'Indien.** Forte toile, 2 côtés imprimés 5 couleurs, motifs indiens. Tapis de sol imperméable, cousu. H: env. 1 m 60. JY 38.002 ........ 35,00

**Le Grand Chef Indien.** Chasuble de toile décorée de motifs indiens, serre-tête avec plumes multicolores, poignard en matière plastique. **JY 41.063** .... 20,00

**Panoplie d'Indien.** Boléro genre feutrine, serre-tête avec plume, hache et poignard en matière plastique, pantalon toile. **JY 41.519** ... 30,00

**Zorro,** magnifique panoplie du héros légendaire avec chapeau, fouet, épée, grande cape noire, masque, ceinture, étrier et étui pour pistolet. **JY 41.097** .... 37,00

**Belle panoplie de cow-boy,** ceinture cuir avec 1 étui décoré, manchettes, boléro, chapeau et étoile shérif, pistolet plastique. **JY 41.113** 29,00

**Panoplie de Rangers,** chapeau, manchettes, ceinture boléro imprimé, étui pour pistolet.
**TY 41.089**.. 25,00

**Revolver à répétition** en métal injecté, crosse matière plastique, avec étui et ceinture.
**JY 41.527**.. 12,50

**Revolver cow-boy** à répétition, métal injecté, crosse matière plastique.
**JY 41.048** . 7,00

**Superbe panoplie de cosmonaute** avec combinaison spatiale, casque à visière, pistolet spécial « Cosmos ». Pour enfants de 6 à 10 ans. **JY 41.121** ....... 50,00

**« Le Motard ».** Casque en matière plastique, baudrier, ceinture, poche revolver et manchettes en cuir, revolver. **JY 41.139** .............. 25,00

**1964. Catalogue des Galeries Lafayette.** *Des panoplies qui amènent l'enfant à vivre dans un monde fantasmatique.*

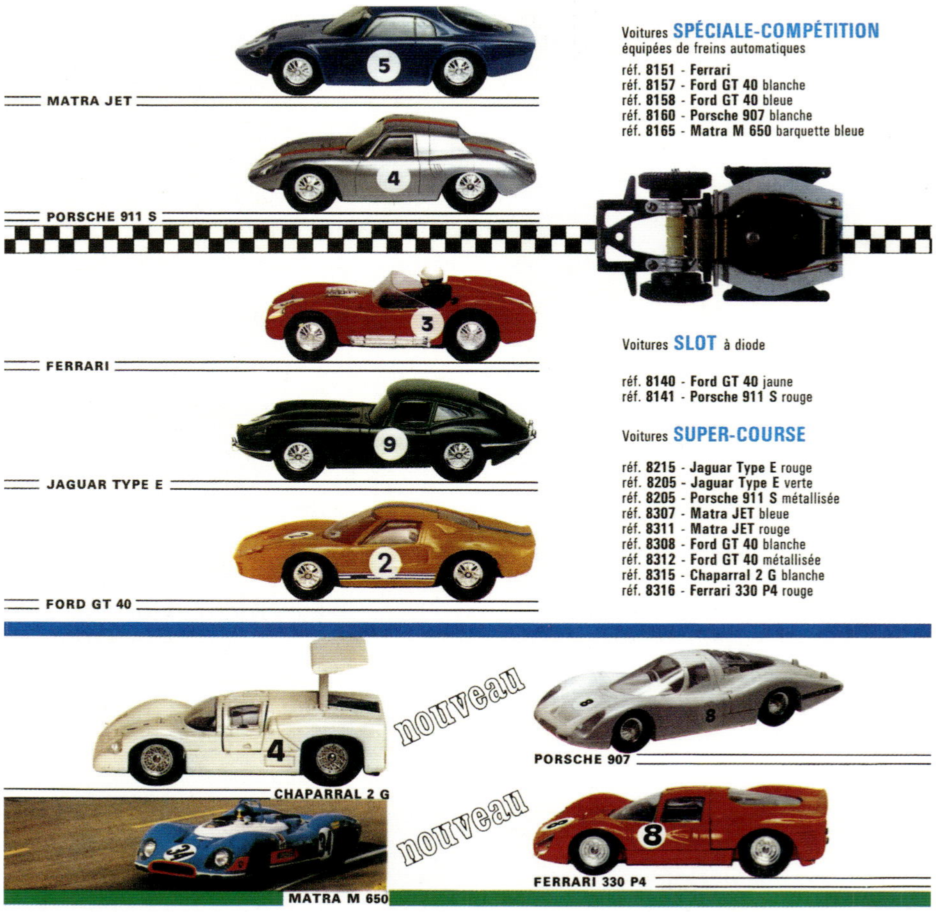


**1971. Catalogue Muz.**
*De 1961 à 1973, le Circuit 24 a pris la première place des circuits routiers avec son bruit caractéristique et ses modèles super-course.*

**1969. Catalogue des Galeries Lafayette.**
*Le chant du cygne retentit pour la voiture à pédales, sa version tout plastique n'y changera rien.*

**Années 1960. Catalogue Pintel.**
*Un des derniers catalogues de la marque créée en 1913 et qui s'éteindra en 1976.*

**A**

**XY.33.122. Kart à pédales** entièrement chromé, propulsion à grand développement par chaîne réglable, châssis double tube, siège réglable capitonné, roue libre et frein, roues à gros bandages imitation pneus. Pour enfants de 5 à 10 ans. Long. env. 1 m .................... **125,00**

**B**

**XY.33.114. Baby-Kart** en tube d'acier laqué couleur, propulsion par pédales sur vilebrequin, siège réglable, tablier avec numéro, roues caoutchoutées, avertisseur. Longueur 0 m 90.
Pour enfants de 3 à 9 ans ............................ **60,00**

**C**

**XY.33.106. DS 21** à pédales, tôle d'acier émaillée couleur, pare-chocs AV. et AR. chromés avec numéro minéralogique ,pare-brise, siège capitonné réglable, éclairage électrique, avertisseur. **Capot ouvrant avec imitation d'un moteur.** De 4 à 9 ans.
Longueur environ 1 m 20............................ **150,00**

**D**

**XY.33.098. Nouveauté!** Peugeot 204 à pédales, tôle d'acier émaillée couleur, pare-chocs AV. et AR., pare-brise panoramique, siège réglable, roues ajourées, éclairage électrique, avertisseur. Long. env. 1 m 10. De 4 à 9 ans.... **120,00**

**E**

**XY.33.080. « CARAVELLE ».** Auto à pédales, traction arrière par vilebrequin, tôle d acier émaillée. Siège réglable, pare-brise, pare-chocs, plaques minéralogiques AV. et AR., avertisseur, éclairage électrique, roues caoutchoutées avec enjoliveurs inoxydables. De 4 à 8 ans. Long. env. 1 m 10..... **115,00**

**F**

**XY.33.072. « FERRARI SPA »,** bolide tôle acier émaillée couleur, à pédales, transmission arrière par vilebrequin, roues soleil de 225 mm métal zingué avec enjoliveurs inoxydables, bandages caoutchouc, siège réglable par écrous à ailettes, avertisseur. Longueur environ 1 m 10. De 4 à 8 ans........... **90,00**

**G**

**XY.33.064. BABY-COURSE.** « Sa première auto à pédales », tôle d'acier émaillée, roues brillant inox, bandages caoutchouc. Long. 90 cm. De 3 à 5 ans.......... **55,00**

Imp. de Montsouris. — Paris, 9-1966.

**AU BON MARCHE,** Maison A. BOUCICAUT S. A. au capital de 124 600 000 F.
R.C. SEINE 54 B 7488. Rue de Sèvres, PARIS-VII. C.C.P. Paris n° 410.

**1966. Catalogue du Bon Marché.** *Copie conforme de la voiture de papa, la voiture à pédales en acier ne résista pas à l'invasion du kart.*

**1969. Catalogue Delacoste.** *Des jouets en caoutchouc par le créateur de Sophie, la petite girafe.*

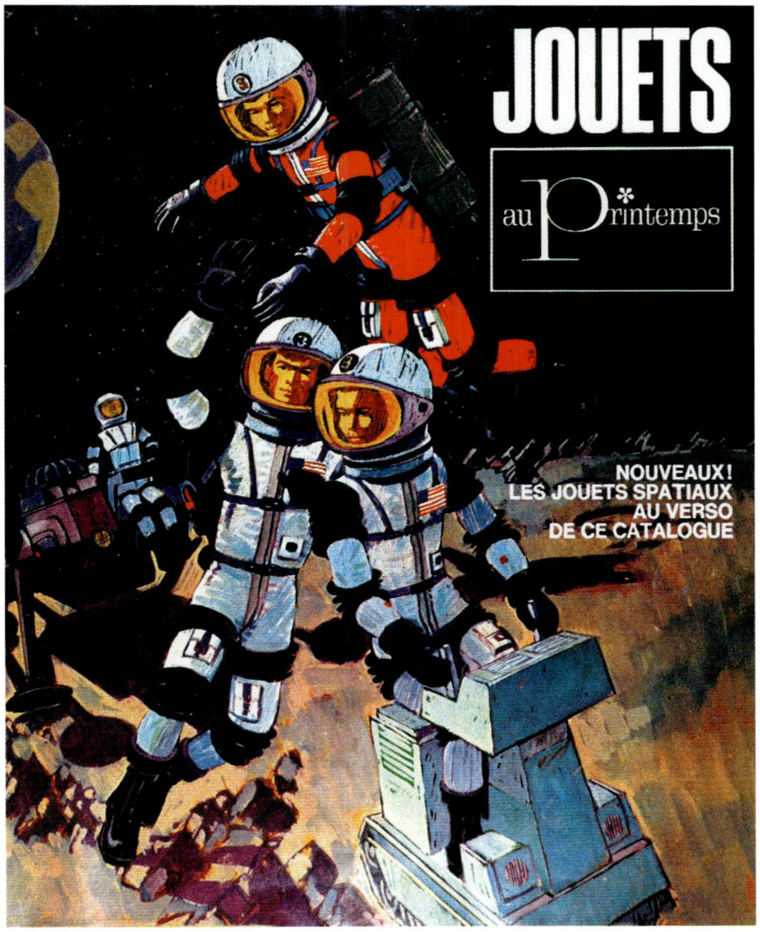


**1966. Catalogue du Bon Marché.**

*En 1965, un Russe puis un Américain sont sortis de leurs cabines pour flotter dans l'espace, les enfants demandent au Père Noël d'être associés à cette aventure.*

**1968. Catalogue du Printemps.**

*Avec les exploits autour de la Lune arrive le temps de la science-fiction.*

*Bonne nuit les petits* consacra définitivement Nounours comme l'ami des tout petits qu'il fallait avoir à la maison – ce qui est drôle, du reste, pour un animal au fond assez dangereux. Désormais chaque mioche fut convié à s'endormir dans la peau d'un Nicolas ou d'une Pimprenelle qui firent de fort jolies poupées. Sans oublier *Le Manège enchanté,* avec Margote, le chien Pollux et le farfadet Zébulon…

La science-fiction fait le reste. La préparation des vols dans l'espace, l'exploit du Russe Youri Gagarine excitent les imaginations déjà passablement échauffées par le point de mire idéal que représentait « l'an 2000 » dans les années 1960. Dans les esprits futuristes d'alors l'année 2000 devait balayer toutes les contingences et célébrer l'apothéose de l'humanité !… Curieusement le début un peu avorté du « passage à l'acte » que représentait la visite américaine sur la Lune en 1969, pour retentissante qu'elle fût, semble plutôt calmer la frénésie d'espace que l'exacerber. Il se produisit, non pas un désenchantement, comme souvent après un acte trop longtemps désiré (et la Lune, cela faisait mille ans qu'on voulait y monter !), mais un « retour sur terre ». Une terre où, par ailleurs, de grands enfants jouaient avec le feu en préparant fiévreusement des miracles !

Lorsque ma fille était enfant, il n'y a pas si longtemps après tout, elle avait découvert les Barbie avec une curieuse passion… Rien ne pouvait lui faire autant plaisir que de lui offrir une Barbie à ses anniversaires, parmi d'autres choses. Et à la moindre occasion un attirail barbiesque augmentait le volume de sa panière où ces trésors étaient poussés entre les séances d'habillage. Ma fille parlait en jouant – elle inventait des dialogues sans fin, assise sur le tapis de sa chambre.

**1972. Catalogue du Bon Marché.**
*Le pop art en couverture avant même d'être exposé dans les musées.*

**1972. Catalogue des Nouvelles Galeries.**
*Ce catalogue de petit format, présenté comme un livret, fait l'inventaire des jouets et des styles de l'époque.*

**1979. Catalogue Lego.** *Créé en 1934 à partir de mots danois, le nom de la marque signifie « se joue bien ».*

14
EXCLUSIFS POUR PETITS ET GRANDS,
en peluche imprimée écossais
le teckel, l'éléphant,
le chameau,
l'hippopotame
La pièce 49,50 F
ux pour les tout petits, en peluche
crylique : chien : Long. 45 cm
agneau : Long. 40 cm
La pièce 45 F

16
En exclusivité, En route sur leur tricycle,
animaux hippies en peluche et tissu
32,50 F pièce

Jeu de construction "CLIPO" en matière plastique,
pièces de formes variées emboîtables, permettant
des combinaisons multiples.
• Boîte A : 9,95 F • Boîte B : 19,50 F • Boîte C : 25 F
• Boîte
35 F
clipo

28
Style "design"
table et 2 tabourets
en polypropylène,
deux tons.
En boîte cadeau :
L'ensemble
49,50 F
POUR SA CHAMBRE
baby-mob
Le tabouret seul :
14,50 F

51
En bois, isorel et plastique, entièrement décorée,
maison de poupée 4 pièces, terrasse, garage, escalier,
télévision, prises de courant pour éclairage. Fonctionne-
ment sur piles.
60 x 30 x 40 cm.
85 F
sans pile
Pour habiter cette jolie maison.
"POUSSETTE" mini-poupée mannequin
articulée. Haut. 17 cm.
7,50 F

60
Jolis déguisements.
Panoplie :
- la majorette 49,50 F
- la danseuse 45 F

128
MANGE-DISQUE Senior, en plastique couleur
fonctionne sur piles. 110 F
sans pile
sans pile
TALKIE-WALKIE. 85 F
2 appareils émetteur/
récepteur, 4 transistors,
bouton d'appel, antenne,
fonctionnement avec
piles 9 V. Portée : 400 m

Les voitures téléguidées.
73
FERRARI, fonctionne avec un
grand volant de direction permettant
de conduire la voiture sans moteur
et sans pile. Long. 30 cm.
19,50 F
PORSCHE 917 S
électrique à piles.
Long. 35 cm.
39,50 F
sans pile
MATRA "LE MANS" fonctionne par piles,
marche avant et arrière, phares avant
lumineux, 2 portes ouvrantes. Long. 40 cm. 35 F sans pile

PRIX EXCEPTIONNEL
77
27,50 F
Moto police téléguidée,
phares avant clignotants.
Long. 26 cm
"Mini Porsche",
voiture de course,
téléguidée électrique.
Long. 20 cm
12,50 F
"Futuriste"
Le robot électrique
à piles, pieds
et jambes articulés,
sur la poitrine
un écran
de télévision. 39,50 F sans pile

**1979. Catalogue de la Samaritaine.**
*Une scène qui pourrait compléter les différents albums d'Astérix: l'irréductible village gaulois fête Noël.*

Et bien sûr, lorsqu'il y eut Ken, le garçon bellâtre (de mon point de vue jaloux!), les mariages ne cessèrent plus, avec les cortèges de Barbie d'honneur qui permettaient d'utiliser les stocks, sûrement une vingtaine… Je n'ai pas suivi de très près cette évolution, mais il me semble qu'à un moment donné nous habitions chez les poupées blondes – ou du moins nous étions leurs invités lors de quelque célébration importante.
Si ma fille se marie un jour, avec la pompe requise, il me sera impossible de détacher mon émotion du peuple des Barbie de ces temps heureux.

Il est intéressant de noter aussi, dans l'évolution contemporaine du jouet, qu'en même temps que se développe l'électronique, il vient sur le marché toute une génération de monstres menaçants, de robots maléfiques et bruyants qui font surgir un brutal culte de l'horreur. Goldorak et sa descendance épouvantable constituent aujourd'hui une catégorie importante et originale de jouets qui «font peur». C'est peut-être une manière un peu sadique de concevoir les cadeaux aux enfants – à moins que ce ne soit un retour aux anciens fantasmes? Après tout, qu'était Barbe-Bleue? Et les contes de nourrices de jadis? La peur du loup et des méchantes sorcières, qui fit le fond délectable des enfances d'antan, n'était-elle pas faite pour semer l'épouvante dans l'esprit des chérubins, et alimenter la trame de leurs cauchemars?
Mais ceci est une autre histoire.

**1982. Catalogue de la Samaritaine.** *La série TV spatiale d'*Ulysse *s'étale sur toutes les pages.*

**1984. Catalogue Mattel.**
**1980. Catalogue Mattel.**
*Les garçons des années 1980 s'identifient à Big Jim, agent secret, se placent sous la protection de Goldorak et organisent le combat du bien contre le mal avec Musclor et Skeletor, Maîtres de l'Univers.*

**1984. Catalogue Mattel.**
*Barbie a déchaîné toutes les passions: amour et haine. La poupée adulte, née en 1959, a construit sa mythologie autant grâce à ses admirateurs qu'à ses détracteurs.*

**1986. Catalogue Mattel.**
*Retour sur le marché des Super-Héros des années 1950.*

## Remerciements

L'éditeur et l'auteur tiennent à remercier toutes les personnes qui leur ont permis de consulter et de photographier leurs remarquables collections, privées ou publiques, et notamment:
Jean-Claude Cazenave et Denis Ozanne, experts en jouets anciens à Drouot;
Jeanne Damamme, conservatrice du musée du Jouet de Poissy, pour sa gentillesse et sa patience;
Christian Fausser, collection Jouef, pour sa disponibilité;
Maurice Verdeun, marchand de jouets à Bordeaux;
Jean-Claude Gouvernon, président des Amis de Francisque Poulbot;
Monica Burckhardt;
Caroline Billot, responsable des archives du Printemps;
Monique Millet;
Thierry Labey, Au Nain Bleu;
Sabine Coron, bibliothèque de l'Arsenal;
Yvan Lacroix, Petitcollin;
Béatrice Rodenbour.

Un grand merci également à Nicole Vimard.

## Source des illustrations

Les images qui illustrent cet album sont issues des fonds suivants:
Bibliothèque de l'Arsenal (clichés Bibliothèque nationale de France, Paris), pages 12, 13.
Collection Denis Ozanne, 14, 15, 16.
Ville de Paris, bibliothèque Forney, 17, 18 h, 19, 37 d, 43, 61, 62 d, 68, 84, 85, 86, 98 b, 106, 107, 150.
Collection Jean-Claude Cazenave, 18 b, 20, 21, 30, 32 h, 33, 34, 52 d, 53, 66 d, 67, 69 h, 70 d, 71, 73, 75 d, 76, 78, 94 g, 104, 105.
Musée du Jouet de Poissy, 22, 23, 24, 25, 26, 27, 28 g, 31, 38, 39, 40 d, 42, 44 d, 54, 63, 64 d, 98 h, 99, 110 h, 140 g, 145 hd, 146, 147.
Collection Millet, 28 d, 29, 37 g, 40 g, 64 g, 65, 96, 97, 112.
Collection Les Amis de Francisque Poulbot, 55.
Archives Printemps, 79, 82, 83, 95, 100, 145 bd, 151 d.
Archives Petitcollin, 102, 103.
Collection Jouef, 114, 115, 116, 117, 118, 119, 122 g, 140 h.
Collection Monica Burckhardt, 120, 121.
Collection Maurice Verdeun, 134, 135, 136, 148 bd.
Collection Béatrice Rodenbour, 152 hg.
Autres documents, collection particulière.

## Crédits:

Achevé d'imprimer en septembre 2005
sur les presses de Mondadori, Vérone
*Imprimé en UE*